Laure Waridel

L'ENVERS DE L'ASSIETTE
et quelques idées pour la remettre à l'endroit

LES ÉDITIONS
écosociété
MONTRÉAL

Coordination de la production : Anne-Lise Gautier et
                               Valérie Lefebvre-Faucher
Typographie et mise en pages : Yolande Martel
Illustration de couverture : Louise-Andrée Lauzière
Illustrations : Pascal Hébert
Photos : © Éric St-Pierre / www.ericstpierre.ca
        © Esperamos

© Les Éditions Écosociété, 2010
LES ÉDITIONS ÉCOSOCIÉTÉ
C.P. 32053, comptoir Saint-André
Montréal (Québec), H2L 4Y5

Dépôt légal : 1ᵉʳ trimestre 2011
ISBN 978-2-923165-71-4

**Catalogage avant publication de Bibliothèque et Archives nationales du
Québec et Bibliothèque et Archives Canada**

Waridel, Laure

    L'envers de l'assiette et quelques idées pour la remettre à l'endroit

    Nouv. éd. rev. et augm.

    (Guides pratiques)
    Publ. antérieurement sous le titre : L'enVert de l'assiette. Montréal :
    Les Intouchables, 1998.
    Publ. à l'origine dans la coll. : Le vent qui tourne.
    Comprend des réf. bibliogr.

    ISBN 978-2-923165-71-4

    1. Alimentation – Aspect de l'environnement. 2. Consommateurs –
Comportement – Aspect de l'environnement. 3. Produits écologiques.
I. Waridel, Laure. EnVert de l'assiette. II. Titre. III. Collection : Guides
pratiques (Montréal, Québec).

TX353.W37 2011   363.8   C2011-940446-X

Nous remercions le Conseil des Arts du Canada de l'aide accordée à notre
programme de publication. Nous reconnaissons l'aide financière du gouvernement du Canada par l'entremise du Fonds du livre du Canada pour
nos activités d'édition.
Nous remercions le gouvernement du Québec de son soutien par l'entremise du Programme de crédits d'impôt pour l'édition de livres (gestion
SODEC), et la SODEC pour son soutien financier.

Table des matières

⌒

PLAT DE RÉSISTANCE
JUSTE
131

DESSERT
FAIRE DE NOTRE ASSIETTE
UN PROJET DE SOCIÉTÉ
175

PRÉFACE

(© Monicrichard)

Je me souviens de la première édition de *L'envers de l'assiette*, et à quel point l'approche de Laure Waridel, à ce moment-là, était novatrice. Alors que nous n'en étions qu'aux balbutiements d'une prise de conscience collective, Laure portait sur notre mode de vie un regard neuf et inspirant.

Je ne suis pas écolo « mur à mur », mais quand je parcours ce livre encore aujourd'hui, je me rends compte que son propos, éclairant et tellement nécessaire, tient du *gros bon sens*. Un gros bon sens qui va de pair avec cette simplicité à laquelle je tiens tant.

C'est facile de passer à l'action, de poser des petits gestes qui comptent tous. Autant les uns que les autres. Ils ne sont *jamais* perdus. Ils modifient peu à peu nos habitudes, de l'épicerie à la table, en passant par la cuisine. Et, mis bout à bout, ils font une différence énorme, à une plus grande échelle qu'on ne l'avait tout d'abord imaginé. C'est cette simplicité qui m'a frappée lors de mes voyages.

«Nostrale», écrivent les Italiens sur les étiquettes des produits dans leurs marchés. «Les nôtres» pour dire le naturel et la fierté du produit local. Car un produit sans transformation, frais et de saison se suffit à lui-même. Il fait la bonne cuisine. C'est une évidence pour tous les chefs. Et la chef visionnaire Alice Waters, propriétaire du restaurant *Chez Panisse* à Berkeley, en Californie, que j'ai rencontrée avec tant de plaisir, milite elle aussi pour la même idée depuis plus de 30 ans : goûter des aliments frais, de qualité, acheter les produits locaux, profiter de la manne des saisons.

Les petits gestes comme ceux-là contribuent à amplifier notre plaisir. Partageons nos découvertes. Rencontrons les personnes qui nous nourrissent : cultivateurs, producteurs, marchands... Chefs ! En d'autres mots : célébrons et savourons le plaisir de choisir avec conscience... en adoptant un nouvel art de vivre.

Ce plaisir-là, il nous lie, Laure et moi.

Dans ces pages, elle nous aide à réfléchir, et nous guide vers ce *nouvel art de vivre*, et de *choisir*, avec la vitalité contagieuse qu'on lui connaît, avec sa belle intelligence et son immense respect de la vie.

Merci, Laure !

JOSÉE DI STASIO

LA PLANÈTE DANS NOTRE ASSIETTE

Avez-vous déjà pensé changer le monde en modifiant votre alimentation ? Sous l'éclairage fluorescent des grandes épiceries, entre les couloirs surchargés de produits multiples aux ingrédients inconnus, ce n'est pas la première intention qui nous vient à l'esprit. Que penser des cafétérias et des restaurants, dont certains sont passés maîtres dans l'art de nous faire remplir les poubelles avec leurs assiettes jetables et leurs verres en styromousse ?

Nos habitudes alimentaires ont une grande influence sur notre santé, celle de la planète et des populations qui l'habitent. Chaque repas nous lie à la Terre et à des millions de personnes qui cultivent, récoltent, transforment, emballent et vendent notre nourriture. Grâce à elles, trois fois par jour, nous faisons le plein d'énergie, dont nous avons besoin pour vivre.

Manger est en effet notre manière de métaboliser l'énergie du soleil préalablement absorbée par les plantes. Grâce à la digestion, nos aliments sont transformés en molécules simples, permettant ainsi à nos cellules d'effectuer leur travail. Les aliments, particulièrement les légumes frais, contiennent des molécules qui travaillent de concert avec notre système immunitaire pour prévenir l'apparition de maladies. La qualité et la quantité de ce que nous ingérons déterminent donc pour beaucoup notre état de santé et, en quelque sorte, ce que nous sommes. Mais savons-nous ce que nous mangeons ?

On se rend compte que plusieurs organismes génétiquement modifiés (OGM), produits chimiques, agents de conservation, colorants artificiels, additifs alimentaires, nanotechnologies, ainsi que des résidus de pesticides, d'hormones et d'antibiotiques sont présents dans notre nourriture. De plus en plus d'études canadiennes et internationales établissent des liens entre la présence ou le passage de plusieurs de ces produits dans notre corps et certains cancers, allergies, déficiences du système immunitaire et autres maladies et problèmes de santé[1].

Et la planète ? Avec quelque 6,7 milliards de bouches humaines à nourrir, plus ou moins 9,5 milliards à l'horizon 2050, elle subit les conséquences de nos choix alimentaires. Toutes les naissances n'exercent pourtant pas les mêmes pressions sur les ressources et ne laissent pas la même empreinte sur la Terre[2]. La venue au monde d'un seul enfant dans un pays du Nord comme le Canada entraîne des pressions environnementales plus grandes que celle d'une dizaine de naissances dans l'un des 30 pays les plus pauvres de la planète[3]. Plus précisément, si tous les êtres humains consommaient à la manière d'un Québécois, il nous faudrait au moins trois planètes comme la nôtre pour répondre aux besoins et aux envies de tout le monde[4]. Nos sociétés de surconsommation sont clairement en train d'hypothéquer l'avenir de l'humanité.

Cette situation n'est pourtant pas irréversible. À partir du moment où nous devenons conscients que nous faisons partie des problèmes comme des solutions, il est alors possible de contribuer à ce qu'il en soit autrement. Au moyen de nos choix politiques, certes, en allant voter, en écrivant à nos élus et en s'impliquant dans des organisations. Mais aussi au quotidien, en prenant conscience des impacts de chacune de nos actions petites et grandes. Ainsi, s'il est vrai que « l'argent mène le monde », comme on se l'entend si souvent dire, peut-être est-il temps de réaliser le pouvoir politique de nos choix de consommation. Comment l'utilisons-nous ?

ACHETER, C'EST VOTER

La plupart d'entre nous sont conditionnés à débourser le moins possible pour ce qu'ils achètent. Le hic est que le prix que nous payons ne tient pas compte des coûts environnementaux et sociaux engendrés par la production, la transformation, le transport et l'élimination de ce que nous consommons. À l'épicerie, par exemple, des pommes conventionnelles[5] du Chili paraîtront meilleur marché que des pommes biologiques du Québec. Pourtant, si on incluait les coûts environnementaux du transport et de l'agriculture intensive (pollution des sols, de l'eau et de l'air) de même que les coûts sociaux (gaspillage de denrées dû à la standardisation, affaiblissement de la souveraineté alimentaire, mondialisation de l'exploitation des travailleurs, effritement des communautés rurales, etc.), on s'apercevrait que l'achat biologique local est franchement plus économique à long terme...

AU MENU

Pour améliorer l'état de santé de notre planète, et donc le nôtre, nous vous proposons un menu garni de quatre concepts alimen...Terre faciles à mémoriser : les 3N-J pour Nu, Non-loin, Naturel et Juste. Chacun des chapitres qui suit explore l'un de ces concepts.

En entrée, il y a donc le **Nu**. On commence par le plus facile, par ce qui se voit en premier : l'emballage. Le plus écologique est sans contredit l'absence d'emballage. Voilà pourquoi on parle du Nu. Dans ce premier chapitre, nous examinons divers aspects de cette problématique. Que reste-t-il après notre repas ? Comment les emballages sont-ils fabriqués ? Et surtout, comment mettre les sites d'enfouissement au régime ?

Au deuxième service, nous poursuivons avec le **Non-loin**, l'achat local, qui nous amène sur les routes sinueuses parcourues par nos aliments. Il est question de la mondialisation de notre assiette, des impacts du transport de la nourriture et de la spécialisation agricole sur l'environnement ainsi que de la vitalité des communautés locales. Quels liens existe-t-il entre notre brocoli de Californie et les changements climatiques? Comment se fait-il qu'il y ait de moins en moins de diversité dans nos campagnes et de plus en plus d'uniformité dans nos épiceries?

Troisième service: le **Naturel**. Ce chapitre fait état de l'industrialisation de l'agriculture et des pêcheries. Quels sont ses impacts sur la Terre, la mer et les humains? Il y est évidemment question de pesticides et d'engrais chimiques de même que d'OGM, de surpêche et de biodiversité. On y propose une réduction de l'utilisation de produits chimiques dans la production et la transformation de nos aliments. On y parle d'agriculture et de pêche à échelle humaine pour un plus grand respect des écosystèmes.

Pour finir, un plat de résistance un peu amer: le **Juste**. Ce dernier chapitre présente quelques-unes des iniquités engendrées par notre système agroalimentaire de plus en plus mondialisé. La faim d'ici et d'ailleurs détonne dans ce contexte où le pouvoir des compagnies multinationales est grandissant. On y dresse une liste des nombreuses marques qui nous donnent l'impression d'avoir le choix alors qu'elles appartiennent à une poignée d'entreprises plus puissantes que des États. Que faire pour contrer leur pouvoir? Le commerce équitable est-il une alternative à la mondialisation de l'exploitation environnementale et sociale? Est-il possible de répondre d'abord aux besoins humains localement et de voir ensuite à ceux des marchés internationaux? Quels gestes peut-on poser pour mondialiser l'équité?

À certains moments, vous aurez peut-être l'impression d'en avoir «plein l'assiette». Vous aurez raison de trouver que les solutions de rechange ne sont pas toujours faciles à conjuguer entre elles. Voilà pourquoi elles méritent d'être prises avec un grain de sel, ou une bouchée à la fois. Ce qui compte, c'est de commencer là où nous pouvons, avec ce qui nous convient et, surtout, ce qui nous fait plaisir, en fonction de nos moyens. Chacun peut concocter sa propre recette. Ce livre offre quelques ingrédients d'information et d'action destinés à tous ceux qui en ont marre de se dire que ça va mal dans le monde et qui se sentent impuissants.

Ainsi, faire des choix alimen...Terre nous permet d'avoir une influence quotidienne sur ce qui se passe autour de nous et de prendre part à un mouvement plus large de consommation responsable. Depuis la première édition de ce livre en 1997, ce mouvement a déjà donné naissance à un certain nombre de changements positifs. De plus en plus de gens se rendent à l'épicerie avec leurs sacs réutilisables, compostent et jardinent sans pesticides. Les fermes biologiques se sont multipliées de même que les marchés locaux et les initiatives de ventes directes. Des produits équitables, biologiques et paysans sont de plus en plus présents partout à travers le Québec. Des entreprises ont modifié leurs prati-ques afin d'améliorer leur bilan environne-mental et social. Le gouvernement québécois a adopté le Code de gestion des pesticides et a publié le rapport de la Commission sur l'avenir de l'agriculture et de l'agroalimentaire, couramment appelé « rapport Pronovost[6] ». Tout cela ne serait pas arrivé sans implication citoyenne. Et ce n'est qu'un début ! Nous espérons que cette nouvelle édition enrichie de *L'envers de l'assiette* permettra à de plus en plus de gens d'être mieux outillés pour passer à l'action.

En Amérique du Nord, la grande majorité d'entre nous a la chance de manger trois fois par jour. Une certaine forme de pouvoir politique est au bout de notre fourchette plus souvent qu'on ne le pense. À nous de l'exercer.

À la santé de la planète et donc à la bonne nôtre !

ENTRÉE

NU

Roxanne arrive de l'épicerie, sacs en plastique à la main. Dans sa cuisine, elle déballe deux pamplemousses couchés sur une barquette de styromousse, enveloppée d'une cellophane, du jus de pomme contenu dans trois petites boîtes Tetra Pak recouvertes d'une pellicule de plastique, un paquet de biscuits au chocolat emballés individuellement et un sac de carrés de fromage ayant chacun leur petit emballage. D'un deuxième sac, elle retire un autre sac contenant trois sacs de lait. Elle sort un brocoli, quelques boîtes de conserve, un pot de confiture, une plaque de beurre, une douzaine d'œufs et un poulet surgelé.

Dans quelques jours, tous ces aliments auront été consommés. Il restera quelques matières organiques (pelures, coquilles, os, etc.) et, surtout, des emballages. Beaucoup d'emballages. En ajoutant les emballages aux résidus alimentaires, les déchets liés à l'alimentation représentent facilement le tiers de nos ordures[1].

Chez vous maintenant. Imaginez, entassés sur le pas de votre propre porte, les emballages et les déchets alimentaires que vous avez mis à la poubelle et au recyclage hier. Ajoutez-y ce que vous avez jeté la semaine dernière, puis tout le mois dernier, ensuite, toute l'année passée, voire depuis votre naissance. Sans collecte des ordures et sans recyclage, chaque maison aurait tôt fait de se transformer en véritable dépotoir.

Ci-contre : Centre de tri Gaudreau pour le recyclage de verre (région de Victoriaville). (© Esperamos)

Au Québec, chaque citoyen génère à la maison une moyenne de 400 kg de déchets par années[2]. Cette quantité quadruple si nous y ajoutons les rebuts du travail, des écoles, des restaurants et des usines. Entre 1998 et 2008, la quantité totale de matières résiduelles généré a augmentée de 47 % au Québec[3]. Les efforts de réduction à la source sont donc loin d'avoir porté leurs fruits, contrairement au recyclage qui, lui, est devenu une pratique bien ancrée dans le quotidien d'une majorité de citoyens.

PARLEZ-MOI DE RESSOURCES...

La majeure partie de notre sac d'ordures est constituée de ressources et non de déchets, voilà pourquoi le terme «matières résiduelles» est utilisé. Plus des trois quarts s'avèrent récupérables. Les pelures et autres déchets de table peuvent être transformés en engrais naturel pour le jardin grâce au compostage et, en prime, en énergie grâce à la biométhanisation (voir p. 41 de ce livre). Le recyclage permet de métamorphoser des bouteilles de plastique en tissu polaire pour en faire des vêtements, des tapis, des montres ou des souliers de sport[4]. Envoyée au site d'enfouissement, par contre, une bouteille de plastique mettra de 100 à 1 000 ans à se dégrader entièrement[5].

Les impacts du recyclage sont très concrets. On estime par exemple qu'une tonne de papier récupéré plutôt qu'enfoui permet d'éviter l'abattage de 17 arbres, de réduire l'utilisation de 359 litres de pétrole et de 31 780 litres d'eau, en plus d'économiser 2,5 mètres cubes d'espace dans un site d'enfouissement[6]. Le recyclage de l'aluminium, quant à lui, permet d'économiser 95 % d'énergie comparativement à sa production à partir de matières premières[7].

LE SAVIEZ-VOUS...

■ Les matières organiques constituent la majeure partie des matières résiduelles domestiques. Lorsqu'elles sont enfouies, leur décomposition produit d'importantes quantités de méthane, un gaz à effet de serre (GES) considéré comme 21 fois plus dommageable pour le climat que le dioxyde de carbone (CO_2).

Site d'enfouissement (région de Victoriaville). (© Esperamos)

Malgré tout ce potentiel, seulement un peu plus de la moitié des matières recyclables générées par les citoyens est récupérée et mise en valeur par la collecte sélective munici-pale[8]. Si l'on tient compte de l'ensemble des matières rési-duelles recyclables, donc en incluant les matières organiques, les meubles, les électroménagers, les résidus domestiques dangereux, etc., le pourcentage de mise en valeur descend à 36 %[9]. C'est dire à quel point d'importantes ressources sont encore transformées en polluants, bien que les moyens exis-tent pour faire autrement. Le sol, l'eau et l'air s'en trouvent contaminés.

LES SITES D'ENFOUISSEMENT

Dans les dépotoirs, la somme de ce que l'on retrouve dans des millions de poubelles macère à la tonne dans une véritable mixture toxique. En passant à travers les matières en décom-position, l'eau de pluie se gorge de contaminants de toutes sortes (cadmium, chrome, mercure, plomb, résidus de peinture, pesticides, etc.)[10]. Ce lixiviat non seulement pollue le sol, mais percole parfois jusqu'à la nappe phréatique[11].

Quant à l'air, il n'échappe pas à la contamination qui va bien au-delà des mauvaises odeurs qui planent près des sites d'enfouissement. Ensevelis en ces lieux, nos petits déchets de table et autres matières putrescibles deviennent une source importante de biogaz. Ce dernier est principalement composé de méthane et de dioxyde de carbone, deux gaz qui contribuent aux changements climatiques[12]. On y retrouve aussi des traces de gaz extrêmement polluants, dont des composés organiques volatils cancérigènes, comme le benzène, le dichlorométhane, le chloroforme et le chlorure de vinyle[13].

L'INCINÉRATION

Vu de très loin, faire disparaître les ordures en les brûlant peut sembler être une bonne idée. Nos rebuts s'envolent en fumée comme par enchantement, donnant l'impression de ne laisser que des cendres. L'incinération est pourtant l'un des modes de gestion des déchets les plus polluants[14].

Les gaz libérés lors de l'incinération sont extrêmement nocifs pour la santé et l'environnement. Étant donné le cocktail de substances chimiques présent dans nos ordures ménagères, l'utilisation d'épurateurs ne suffit pas à capter toutes les substances toxiques. Ainsi, sous l'effet de la combustion, des polluants organiques persistants (POP), dont des dioxines et des furanes, de même que des métaux lourds, comme le plomb et le mercure, s'échappent dans l'environnement[15]. Les POP et le mercure, se bioaccumulent dans les organismes vivants sans se décomposer.

LE SAVIEZ-VOUS...

■ L'incinérateur de la ville de Québec est l'établissement ayant déclaré les plus importants rejets totaux de dioxines et de furanes en Amérique du Nord, selon le rapport *À l'heure des comptes* de 2005 publié par la Commission de coopération environnementale de l'ALÉNA[16].

Radioscopie d'un sac de déchets domestiques
Composition de la collecte des déchets
d'origine résidentielle (kg/personne/année)

Matières organiques : 59 %

Papier et carton : 12 %

Déchets encombrants
et résidus de construction,
rénovation et démolition : 9 %

Plastique : 8 %

Verre : 3 %

Métaux : 3 %

Textile : 3 %

Résidus domestiques
dangereux : 1 %

Autre : 2 %

Source : Recyc-Québec. Caractérisation des matières résiduelles du secteur résidentiel et des lieux publics 2006-2009 au Québec. Composition de la collecte des déchets d'origine résidentielle (kg/personne/année) p. 12. <www.recyc-quebec.gouv.qc.ca/Upload/Publications/MICI/Rendez-vous2009/Caract-sect-res-lp.pdf>.

On sait que les dioxines sont particulièrement nocives[17]. Non seulement elles sont cancérigènes, mais elles peuvent aussi avoir des effets mutagènes, c'est-à-dire occasionner des modifications génétiques, entraînant des changements héréditaires[18]. Elles peuvent affecter les systèmes reproducteur, immunitaire, endocrinien et neurologique[19]. Quant au plomb et au mercure, ils s'attaquent au système nerveux et peuvent provoquer des problèmes de comportement et d'apprentissage chez les enfants.

En tout, cinq incinérateurs sont encore en opération à Québec, Lévis, Montréal, Longueuil, ainsi qu'aux Îles-de-la-Madeleine. Plus de 232 000 tonnes de déchets solides y sont brûlées en vrac à haute température. Cela représente environ 3 % de notre production totale de matières résiduelles[20].

ON SE DÉBALLE

Certes, bien des emballages ont leur utilité. Ils servent à la conservation, protègent nos aliments lors du transport et de la manutention et fournissent des renseignements sur leur contenu. Ceux-ci ne seraient pas tant nécessaires si moins d'étapes et une plus faible distance séparaient le consommateur du producteur. Notre nourriture vient souvent de loin et passe par de multiples intermédiaires, chacun générant sa part de déchets. Ce que l'on voit à l'épicerie n'est que la pointe d'un immense iceberg de déchets.

LE SAVIEZ-VOUS...

■ Pour fabriquer un dîner congelé à faible teneur en calories, il faut une quinzaine d'étapes de transformation et d'emballage. Une valeur énergétique environ 40 fois supérieure à la valeur alimentaire de la portion y est ainsi dépensée[21].

Il faut aussi reconnaître que, au-delà du simple emballage, il y a le suremballage. Cherchant à rendre leurs produits plus attrayants, les compagnies nous font remplir nos poubelles. L'empaquetage est devenu un lieu de publicité. Pour vendre, il faut se distinguer. Le consommateur et les écosystèmes en paient la facture, et c'est sans parler des impacts sur les générations futures.

Ainsi, et bien que nous leur accordions peu de valeur, les emballages ont un coût que nous défrayons deux fois plutôt qu'une. D'abord au magasin, intégré au prix de ce que nous achetons, puis avec nos taxes et nos impôts en déboursant collectivement pour la gestion des déchets et la décontamination de notre environnement.

Afin d'évaluer le coût environnemental d'un emballage, l'utilisation de matières premières, de l'eau et des énergies doit être prise en considération à toutes les étapes du cycle de vie de celui-ci :

- extraction des matières premières pour sa fabrication ;
- transport des matières premières à l'usine de transformation ;
- transformation des matières premières ;
- fabrication des emballages ;

- transport de l'emballage jusqu'à l'industrie qui l'utilisera ;
- emballage des produits ;
- transport vers le grossiste ;
- transport vers le détaillant ;
- transport vers le consommateur ;
- transport de l'emballage jeté au centre d'enfouissement ou envoyé au centre de tri ;
- impacts cumulatifs de l'emballage enfoui, incinéré ou recyclé sur la qualité du sol, de l'air et de l'eau ;
- disparition et pollution de ressources non-renouvelables.

Voilà quelques renseignements qui nous permettent d'évaluer les véritables coûts écologiques associés aux principaux types d'emballages alimentaires. Il faut savoir que la plupart de ceux-ci sont faits à partir de matériaux neufs. En effet, pour des raisons sanitaires, les contenants alimentaires entrant en contact direct avec la nourriture ne peuvent être fabriqués à partir de matériaux recyclés. Par contre, ils peuvent être entièrement recyclables.

Papier et carton

Le papier et le carton ont l'avantage de pouvoir être fabriqués à partir d'une ressource renouvelable locale ou de fibres recyclées. Ils sont aussi recyclables. Bien que le chanvre puisse être utilisé dans la composition du papier et du carton, pour l'instant, elle provient avant tout du bois des arbres. Il y a donc un peu de nos forêts dans nos épiceries.

Justement, pendant des années les arbres ont caché la forêt. On a récolté le bois sans trop se poser de questions. La

---

LE SAVIEZ-VOUS...

■ Nous fabriquons aujourd'hui 80 % plus d'emballages qu'en 1960, soit environ 200 kg par personne par année[22].

■ Au sein de l'Union européenne, tous les composants d'un emballage doivent être recyclables. Sans compter que, si une alternative moins polluante existe, la loi oblige les entreprises à l'utiliser[23].

forêt était perçue comme une réserve inépuisable de deux par quatre, de bois de chauffage et de pulpe pour fabriquer du papier et du carton. On sait aujourd'hui que la forêt est beaucoup plus que de la matière ligneuse. Elle constitue l'habitat de la majorité de la biodiversité terrestre et nous rend bien d'autres services[24].

Prenez une grande respiration. Comme les océans, les forêts transforment le dioxyde de carbone en oxygène. Elles nous aident à mieux respirer et réduit les impacts de nos émissions de gaz à effet de serre. Les forêts influencent aussi le climat local. Vous n'avez qu'à entrer dans un boisé l'été pour constater que la température y est plus fraîche et plus humide qu'en plein soleil. Grâce à leurs racines, les arbres jouent aussi un rôle fondamental dans le cycle de l'eau; sans compter qu'ils préviennent l'érosion des sols, donc la désertification. Les forêts sont aussi importantes pour la santé de la planète que l'est notre système respiratoire pour notre corps.

Mais voilà qu'à l'échelle mondiale, les forêts sont menacées et pas seulement par les coupes forestières abusives. L'étalement urbain, l'agriculture, les feux de forêts et les barrages hydroélectriques contribuent à réduire le couvert forestier comme une peau de chagrin. À elle seule, la forêt tropicale perd plus de 10 millions d'hectares par année. Cette superficie est supérieure à la taille de la Grèce[26]. Les forêts anciennes sont particulièrement affectées[27]: selon Greenpeace, près de 80 % des forêts originelles de la planète ont été détruites.

LE SAVIEZ-VOUS…

■ Une tonne de papier mis au rebut équivaut à 19 arbres[25].

Au Québec, 90 % de la forêt est la propriété de l'État. C'est dire qu'elle nous appartient à tous. Or, plusieurs organisations environnementales et syndicales conviennent que ce bien commun est surexploité, depuis des décennies, dans l'intérêt d'une poignée d'entreprises privées[28]. L'échec environnemental des mauvaises pratiques ainsi que leur impact sur l'emploi forcent le changement. Les gouvernements comme les entreprises commencent à réaliser enfin qu'il n'y a pas d'économie sans écosystème. Après des années de lutte

Scierie Dion et fils, à Saint-Raymond de Portneuf, qui gère une forêt
certifiée FSC. (© Esperamos)

citoyenne, la réglementation s'est resserrée afin que des pratiques moins dommageables soient mises en place. De manière
générale, le gouvernement du Québec a aussi diminué les
volumes de bois pouvant être coupés.

En 2010, une entente, qualifiée d'historique, a été conclue
entre les grandes entreprises forestières présentes dans la forêt
boréale et près d'une dizaine d'organisations environnementales parmi les plus revendicatrices. Cet engagement formel
vise l'élaboration et l'application de pratiques d'aménagement
forestier parmi les plus écologiques au monde ainsi que la
formulation de propositions conjointes d'aires protégées et le
rétablissement d'espèces en péril, comme le caribou forestier[29].

LE SAVIEZ-VOUS...

■ Les Québécois rapportent encore entre 1,4 et 2,7 milliards de sacs
d'emplettes à la maison. Cela correspond à environ cinq sacs en plastique
par semaine par personne[30].

Au-delà des coupes forestières, l'épandage de pesticides dans les forêts de même que l'utilisation de divers agents chimiques utilisés pour la transformation du bois, affectent aussi l'environnement et la santé humaine. Bien que la situation se soit grandement améliorée grâce à la réglementation et à la transformation de certaines pratiques, les papetières demeurent une source de pollution. Leurs eaux usées contiennent encore certaines substances chimiques qui résultent de la transformation et du blanchiment du papier, mais beaucoup moins depuis quelques années. Leur bilan énergétique s'est également amélioré.

Plastique

Bien qu'il soit maintenant possible de fabriquer du plastique à base de ressources renouvelables, comme l'amidon de maïs, la très grande majorité est composée d'hydrocarbures, principalement de pétrole ou de gaz naturel. La production totale de plastique requiert environ 3 % des réserves mondiales de pétrole[31].

Pratiquement inexistant il y a seulement un demi-siècle, le plastique est devenu omniprésent dans toutes les sphères de notre vie. Sa résistance, sa polyvalence et sa légèreté ont contribué à sa popularité. Il s'en trouve maintenant d'un bout à l'autre de la planète, jusque dans le ventre de nombreux oiseaux. En effet, les animaux tendent à confondre certains débris de plastique avec des aliments[32]. Il est fréquent, par exemple, que les tortues et plusieurs autres mammifères marins prennent des sacs flottants pour des méduses. Le plastique en décomposition peut être consommé par des êtres vivants aussi petits que le plancton, tout en bas de la chaîne alimentaire. À partir de là, les substances toxiques présentes dans le plastique peuvent voyager d'une espèce à une autre, affectant la santé des animaux comme des écosystèmes. Sans compter que dans les cours d'eau et les mers, le plastique altère la pénétration de la lumière dans l'eau, nuisant aussi au développement des micro-organismes, base des écosystèmes aquatiques.

Des emballages en plastique nuisibles pour la santé ?

Le bisphénol A (BPA) est un composé chimique utilisé dans la fabrication de nombreux contenants en plastiques, dont les biberons mais aussi le revêtement protecteur à l'intérieur des boîtes de conserve, les cannettes d'aluminium ainsi que les couvercles de pots en verre, les pellicules de plastique transparentes, etc. Le BPA a été détecté dans l'urine de 91% des Canadiens, selon une analyse de Santé Canada[33]. Un nombre croissant d'études démontre ses effets toxiques sur la santé, même à très faibles doses[34]. Il est considéré comme un perturbateur endocrinien. Une fois dans notre corps, ce produit agit un peu comme des œstrogènes, imitant cette hormone, ce qui pourrait entraîner des débalancements hormonaux ou contribuer aux cancers de la prostate et du sein. Il nuirait particulièrement au développement du système nerveux des fœtus et des enfants, et pourrait affecter l'humeur[35]. Pour l'instant, au Canada, aucun règlement ne restreint l'utilisation de ce produit chimique, sauf pour la fabrication de biberons qui doivent impérativement en être exempts[36]. Environnement Canada vient d'inscrire le bisphénol A (BPA) sur la liste des substances toxiques[37]. Cela pourrait probablement mener à une interdiction de ce produit dans les contenants alimentaires. D'autant plus qu'il existe des alternatives, quoique plus coûteuses.

Les phtalates constituent une autre catégorie de substances chimiques inquiétantes présentes dans bon nombre de contenants alimentaires en plastique. Certains phtalates sont des perturbateurs endocriniens qui affectent particulièrement le système reproducteur[38]. Au-delà d'un certain seuil, ils nuisent à la fertilité ainsi qu'au développement du fœtus et du nouveau-né. Certaines études sur les rongeurs laissent supposer que ces substances pourraient être cancérigènes mais les preuves n'ont pas encore été totalement démontrées. On les retrouve dans différents emballages alimentaires, mais surtout dans les plastiques de type PVC, les pellicules de plastique transparentes et certains aluminiums souples. Ils sont aussi très présents dans de nombreux jouets pour enfants, cosmétiques et autres produits de consommation courante. En Europe, leur présence est interdite dans les jouets pour enfants et restreinte dans les emballages alimentaires qui entrent en contact direct avec les aliments[39].

De manière générale, il est préférable d'éviter l'utilisation de contenants et d'ustensiles de plastique à des fins alimentaires, particulièrement lorsqu'ils entrent en contact avec des aliments chauds et des
substances grasses, comme le fromage et la viande. La chaleur et la
présence de gras favorisent en effet la migration de ces substances
toxiques vers les aliments[40].

Ainsi, les océans sont particulièrement touchés. En plein
Pacifique Nord, une île constituée de six millions de tonnes
de déchets en plastique a été découverte[41]. Elle représente
deux fois la taille du Texas. Cette île de plastique s'est
formée par les courants à partir de sacs, de bouteilles et de
bouchons provenant principalement des côtes asiatiques et
nord-américaines selon les experts. Dans l'Atlantique comme
dans l'océan Indien d'autres îles de ce genre affectent la vie
marine.

Heureusement, tous les plastiques n'aboutissent pas dans
la nature. De plus en plus de types de plastiques se recyclent.
Au Québec, il existe une quinzaine de conditionneurs et de
recycleurs qui doivent même s'approvisionner à l'extérieur
pour suffire à la demande[42]. Il faut cependant admettre qu'à
l'échelle de la planète le recyclage n'est pas encore la norme.
Encore une fois, il n'y rien de tel que la réduction à la source.

Aluminium

Selon l'Association de l'industrie de l'aluminium du Québec
(AIAQ), l'aluminium est l'élément métallique le plus abon-
dant au monde puisqu'il constitue environ 8 % de la croûte
terrestre. Il n'existe toutefois pas à l'état pur dans la nature.
Il se présente généralement sous forme d'oxydes. La source la
plus exploitable de l'aluminium est la bauxite, un minerai que
l'on trouve surtout dans les régions tropicales et subtropi-
cales, sous forme granuleuse ou rocheuse, de couleurs différentes selon sa composition[43].

Plusieurs études nous permettent de mettre en question les mesures environnementales et sociales avancées par les industries pour l'extraction de la bauxite dans les pays du Sud[44]. Celle-ci se fait généralement dans des mines à ciel ouvert et entraîne une déforestation parfois de grande ampleur, de même que la destruction d'écosystèmes locaux[45]. Il est courant que des populations locales perdent le contrôle de leur milieu de vie et soient expropriées[46]. Les coûts environnementaux et sociaux de la bauxite sont donc souvent élevés.

Les impacts écologiques liés au transport de la matière première sont eux aussi à considérer, ainsi que l'énergivoracité des grandes alumineries. Il faut en effet énormément d'électricité pour fabriquer de l'aluminium. Bien que les nouvelles technologies leur aient permis d'améliorer leur bilan énergétique et de réduire les émissions polluantes de leurs usines de transformation, les alumineries rejettent toujours dans l'atmosphère des polluants, tels que l'hexafluorure de soufre (SF6), le plus puissant de tous les gaz à effet de serre connus. L'émission d'une tonne de SF6 équivaut à l'émission de 22 800 tonnes de CO_2 pour le climat[47]. Sans compter que les alumineries continuent à cracher dans l'atmosphère des dioxines et des furanes, des polluants parmi les plus toxiques.

Boîte de conserve

Les boîtes de conserve sont généralement fabriquées d'acier recouvert à l'intérieur et à l'extérieur d'une légère couche d'étain ou de plastique. Les effets environnementaux et sociaux du cycle de vie de ces récipients sont comparables à

LE SAVIEZ-VOUS...

■ L'aluminium se recycle indéfiniment. Chaque kilogramme d'aluminium recyclé permet l'économie de 8 kg de bauxite et de 4 kg de produits chimiques. Le recyclage de l'aluminium permet également d'économiser 95 % de l'énergie nécessaire à la production de métal à partir de matières premières[48].

■ Jetée dans la nature, une boîte de conserve peut mettre un siècle à se dégrader[49].

ceux des emballages en aluminium, mis à part le fait que le minerai de fer peut être extrait au Canada où les normes du travail et les lois environnementales sont plus sévères. Considérons cependant à que le fer est plus lourd que l'aluminium, ce qui génère des coûts de transport supplémentaires.

Les boîtes de conserve ont, malgré tout, l'avantage d'être particulièrement faciles à récupérer, tout comme l'aluminium d'ailleurs. Une fois recyclées, elles peuvent notamment servir à la fabrication de matériaux de construction.

Verre

Le verre est fabriqué à partir de sable de silice, de carbonate de soude et de chaux. Des ingrédients secondaires comme le sulfure de fer, le ferrochrome et le cobalt sont ajoutés pour donner de la couleur au verre. Existant en grande quantité, ces matériaux sont extraits de carrières que l'on retrouve partout en Amérique du Nord. Généralement solide et facilement réutilisable, le verre peut être recyclé indéfiniment. Chaque tonne de verre concassé, recyclé permet l'économie de 135 litres de pétrole et de 1,2 tonne de matériaux bruts.

Mais comme pour toute autre matière, rien n'équivaut à la réduction à la source. Dans le cas du verre, le réemploi des contenants est à privilégier, que ce soit au moyen de la consigne ou par la réutilisation domestique. Au Québec, une consigne sur les bouteilles de vin pourrait permettre leur réutilisation à grande échelle puisque le verre est facile à stériliser et à réemployer. Plus de 163 millions de bouteilles de vin sont vendues chaque année sur le territoire québécois[50]. Au Canada, huit provinces ont déjà un système de consigne pour toutes les boissons alcoolisées[51]. Offrir un remboursement aux personnes qui rapportent leurs contenants semble être un bon moyen d'encourager la participation citoyenne si on en croit les chiffres. Au Canada, 83 % des contenants consignés sont rapportés contre 41 % des contenants lorsqu'il n'y a pas de consigne[52].

Tetra Pak

Les emballages de type Tetra Pak sont constitués de trois matériaux : le papier, l'aluminium et le plastique. Cet emballage a l'avantage de favoriser une conservation prolongée des aliments et d'être léger pour le transport. Mais, contrairement à ce que l'industrie prétend, le Tetra Pak n'est pas un emballage écologique. Une quantité importante d'énergie est en effet nécessaire à sa production et au transport de tous les matériaux qui le composent. Depuis son arrivée sur le marché, beaucoup de thermos et de contenants réutilisables ont été remplacés par ces « boîtes à boire », contribuant ainsi à augmenter de manière importante la quantité de déchets produits. En Europe, certains groupes écologistes ont fait appel au boycott de cet emballage de manière à réduire ses impacts négatifs sur l'environnement. Au Québec, bien qu'officiellement les Tetra Pak soient autorisés dans les bacs de recyclage de quelques municipalités depuis un certain nombre d'années, ce n'est que depuis 2009 qu'une usine de Yamachiche est en mesure de les recycler[53]. Elle transforme ces contenants, de même que des sacs en plastique, en résine de plastique. Ces granules peuvent par la suite servir de matière première pour fabriquer différents produits allant du pot à plante aux matériaux de construction.

LE SAVIEZ-VOUS...

■ Au Québec, 81 % des bouteilles et des canettes de bière sont récupérées grâce à la consigne[54]. Les bouteilles sont stérilisées et réemployées. Il pourrait en être de même pour les bouteilles de vin et de spiritueux si notre société d'État, la Société des alcools du Québec (SAQ) choisissait d'aller de l'avant avec un tel programme.

■ Les contenants utilisés aux États-Unis sont en très grande majorité à remplissage unique. Dans les années 1950 cependant, plus des trois quarts des contenants étaient remplis à plusieurs reprises. En 1980, cette proportion n'était plus que de 12 % et, au début de l'année 2002, elle n'était que de 3 %[55].

Savoir lire *les étiquettes*

L'Éco-logo

L'Éco-logo est un symbole pouvant être accolé à un produit ou à un service moins dommageable pour l'environnement que ses concurrents. Ce programme, baptisé « Choix environnemental », a initialement été élaboré par Environnement Canada, mais est maintenant géré par l'organisation indépendante TerraChoice. Celle-ci détermine des catégories de produits et de services écologiquement acceptables ainsi que des critères à respecter pour avoir le droit d'afficher l'Éco-logo. Les fabricants autorisés à apposer cette étiquette doivent se conformer à des normes environnementales diverses en ce qui concerne la composition des produits, leur économie d'énergie, leur toxicité, leur durée de vie et leur réemploi[56].

Le ruban de Möbius

Le ruban de Möbius peut être utilisé pour indiquer qu'un produit est recyclable ou fabriqué à partir de matière recyclée. Ainsi, les flèches seules servent à identifier un article comme étant recyclable. Attention, encore faut-il que le programme de collecte sélective de votre municipalité accepte ces matières. Ainsi, plusieurs emballages Tetra Pak et contenants en styromousse portent ce logo, mais encore peu d'endroits au Québec les acceptent ou les recyclent vraiment. Mieux vaut donc s'informer auprès de sa municipalité pour obtenir une liste des emballages à mettre et à ne pas mettre dans le bac de récupération.

Les trois flèches sur fond noir indiquent quant à elles que le produit est fabriqué à partir de matière recyclée. Ce sigle est parfois accompagné du pourcentage de matières recyclées qu'il contient, par exemple « 30 % ». Selon la réglementation d'Industrie Canada, l'absence de déclaration en ce qui a trait à la teneur en matières recyclées peut laisser supposer à tort que le produit est composé à 100 % de matière recyclée[57].

Logo FSC

Le Forest Stewardship Council (FSC) est une organisation internationale indépendante, non gouvernementale et à but

non lucratif ayant développé un système de certification pour des produits utilisant des ressources de la forêt.

Pour pouvoir obtenir une licence, les exploitants forestiers doivent se soumettre à des contrôles réguliers réalisés par des organismes indépendants. Ils doivent répondre à des critères à la fois envi-

ronnementaux, sociaux et économiques: les trois piliers du développement durable. Le FSC certifie aujourd'hui 113 millions d'hectares de forêt dans 81 pays[58]. Il s'agit de la seule certification forestière à faire un aussi large consensus à l'échelle internationale[59]. Elle est reconnue par les grandes organisations environnementales comme Greenpeace et le World Wildlife Fund (WWF). De grandes entreprises comme Domtar, Cascades et Tembec l'ont adoptée pour une partie de leur production.

Les normes FSC varient en fonction de la réalité des différents milieux. Elles cherchent à favoriser les pratiques qui reproduisent le plus possible le cycle de la nature afin de préserver la biodiversité. Des biologistes et des ingénieurs forestiers établissent des aires de coupes et des aires protégées afin de préserver l'habitat de la faune et de la flore. Les forestiers doivent prendre soin des cours d'eau et des marais. L'utilisation d'organismes génétiquement modifiés (OGM) est prohibée. Quant aux pesticides, les plus toxiques sont interdits. En tout dernier recours, l'utilisation de produits chimiques est permise en prenant les précautions qui s'imposent[60].

Les produits de papier et de carton portant le logo du FSC recyclé contiennent généralement des fibres recyclées.

Les plastiques

Les contenants susceptibles de contenir du bisphénols A (BPA) sont représentés par le chiffre 7 dans le triangle fléché, accompagné des lettres **PC** (polycarbonates). Comme nous l'avons mentionné, le BPA est aussi présent dans l'enduit protecteur en plastique de la majorité des boîtes de conserve et des canettes d'aluminim. Quant aux phtalates, ils peuvent se retrouver dans les plastiques de catégorie 3 (voir tableau ci-contre). Par principe de précaution mieux vaut les éviter particulièrement les contenants alimentaires et les jouets pour enfants afin d'éviter d'être exposé à ces produits chimiques pouvant nuire à la santé.

> **LE SAVIEZ-VOUS...**
> ■ On utilise 27 bouteilles d'eau minérale recyclées pour fabriquer un chandail en laine polaire[61].
> ■ Une tonne de plastique recyclé permet d'économiser 1 à 1,2 tonne de pétrole[62].

Sacs!

Avez-vous remarqué que de plus en plus de gens apportent leurs sacs lorsqu'ils font les courses? Lors de la publication de la première édition de ce livre, il fallait souvent argumenter pour pouvoir partir d'un magasin ou d'une épicerie sans un sac en plastique, de crainte de se faire prendre pour un voleur! Voilà qui démontre que les mentalités et les habitudes peuvent changer.

En favorisant la réduction à la source, l'utilisation de sacs d'emplettes réutilisables est clairement le choix le plus écologique: c'est le premier « R » des 3R-V. **Réduire, réutiliser, recycler, valoriser.** On constate cependant que de plus en plus de commerçants offrent des sacs en plastique dégradables qui peuvent être identifiés

> **LE SAVIEZ-VOUS...**
> ■ Le Bangladesh, la Chine, San Francisco, Mexico, le village inuit de Nain à Terre-Neuve, la ville d'Huntingdon au Québec et plusieurs autres législations ont banni l'utilisation de sacs en plastique à usage unique[63].

FIGURE 1.1

Les principales résines, leurs utilisations courantes et les produits à contenu recyclé

Code	Nom	Utilisation courante	Exemples de produits à contenu recyclé
△1	Polyéthylène téréphtalate (PET)	Bouteilles de boissons gazeuses et d'eau de source, pots de beurre d'arachide, contenants d'œufs.	Tapis, fibres de polyester, vêtements de tissu polaire (*polar*), feuilles de PET, bouteilles.
△2	Polyéthylène haute densité (PEhd)	Bouteilles de savon à lessive et de shampooing, contenants de lait ou de jus, sacs d'emplettes.	Bacs de récupération, tuyaux de drainage, mobilier urbain (ex.: bancs de parc, tables de pique-nique), planches de plastique (ex.: patio).
△3	Polychlorure de vinyle (PVC)	Cadres de fenêtres, tuyaux, stores, boyaux d'arrosage, certaines bouteilles.	Revêtements, tuyaux, cônes de déviation, tuiles de plancher.
△4	Polyéthylène basse densité (PEbd)	Sacs d'emplettes, à ordures et à pain, pellicules d'emballage, pellicules extensibles.	Planches de plastique, sacs d'emplettes et à ordures.
△5	Polypropylène (PP)	Contenants de yogourt et de margarine, bouchons pour bouteilles.	Bacs à fleurs, palettes de manutention, planches de plastique, caisses de lait.
△6	Polystyrène (PS)	**Expansé:** Verres à café, barquettes pour viandes et poissons, matériel de protection ou d'isolation. **Non expansé:** Ustensiles, verres de bière, barquettes de champignons, petits contenants de lait et de crème pour le café.	Moulures et cadres décoratifs, accessoires de bureau, boîtiers pour disques compacts, contenants horticoles, panneaux isolants.
△7	Autres: variété de résines, matériaux composites	Bouteilles d'eau de 18 l réutilisables, bouteilles de polycarbonate.	Planches de plastique.

Source: Recyc-Québec: <www.recyc-quebec.gouv.qc.ca/Upload/Publications/Fiche-plastiques.pdf>.

comme étant « biodégradables », « oxo-biodégradables », « compostables », etc. Ces choix sont-ils plus écologiques que le sac de plastique conventionnel que l'on peut mettre au recyclage ?

Pas toujours ! Car si ces sacs dégradables ou compostables aboutissent dans le bac de recyclage, ils peuvent contaminer la chaîne de transformation. Certaines de leurs composantes ne sont en effet pas recyclables. Ce serait comme mettre du maïs dans un lot de plastique destiné au recyclage, par exemple... Lorsque des sacs dégradables ou compostables se retrou-  vent dans les sites d'enfouissement, ils produisent des gaz à effet de serre en se dégradant. Ce n'est pas le cas des sacs de plastique ordinaires puisqu'ils sont stables, c'est-à-dire qu'une fois dans l'environnement ils subissent peu d'altération chimique. Ceux-ci causent d'autres problèmes par contre, comme nous avons pu le voir précédemment.

Alors, que devraient offrir les commerçants ? Il est préfé- rable de favoriser l'utilisation de sacs réutilisables. En offrir à la caisse et établir un coût pour l'utilisation de sacs à usage unique sont des moyens qui ont fait leurs preuves ailleurs dans le monde. Si d'autres sacs à usage unique doivent être offerts aux consommateurs, il est préférable qu'ils soient

---

LE SAVIEZ-VOUS...

■ En 2002, le gouvernement irlandais imposait une taxe écologique équi- valant à 23 cents sur chaque sac à usage unique distribué aux caisses des magasins. Depuis sa mise en place, cette taxe écologique a permis de réduire de plus de 90 % la présence de sacs en plastique dans les sites d'en- fouissement. Elle a aussi permis de générer 80 millions d'euros (127 millions de dollars canadiens) en revenu pour l'État. Ainsi, les Irlandais on fait un gain à la fois écologique et économique. Lors d'un sondage effectué en 2003, 91 % d'entre eux trouvaient que cette taxe était une bonne idée, même si avant son imposition 40 % de la population était contre une telle mesure. Un an plus tard la majorité avait donc clairement changé d'opinion[64].

recyclables ou compostables dans la mesure où les consommateurs ont accès à un bac vert et à un bac brun dans leur
municipalité, et que ces sacs y soient acceptés.

Afin de faciliter nos choix, le Bureau de normalisation du
Québec (BNQ) a récemment développé un programme de
certification afin d'identifier les sacs en plastique qui sont
recyclables et ceux qui sont compostables. Le logo de certification « compostable » est apposé sur les sacs qui ne risquent
pas de créer de contamination lorsqu'on les ajoute aux
matières organiques du jardin et de la cuisine envoyés dans
les bacs bruns. Ainsi, il faut savoir qu'un plastique peut être
biodégradable, sans être compostable. Pour être véritablement compostable, un emballage doit se biodégrader à un
rythme comparable à celui de matières organiques, et ce, sans
générer de résidus pouvant nuire à la qualité du compost[65].
Afin d'éviter la confusion, mieux vaut chercher le logo du
BNQ qui a développé des critères de certification vérifiables.

Il existe d'autres certifications sur le plan international pour
les produits compostables, dont :
– BPI (une association qui certifie ses membres et non un
   organisme de certification, présente principalement aux
   États-Unis, mais dont le logo est apposé sur divers produits au Canada – basé sur ASTM D6400);
– DeVinçotte (Europe – basé sur EN 13 432);
– DIN Certco (Europe – basé sur EN 13 432).

Consomm*Action*

Le plus écologique, c'est certainement « Pas d'emballage du tout ! »
Voilà pourquoi on parle du **Nu** à l'épicerie. Bien que l'on ne puisse pas
éviter tous les emballages proposés, il est possible de faire toute une
différence en adoptant la pratique des « 3R-V ». Rappelons que les
3R-V signifient réduire à la source, réutiliser, recycler et valoriser nos
ressources.

Réduire

- J'évite la surconsommation et le gaspillage.
- Je choisis les aliments les moins emballés possible.
- Je privilégie l'achat en vrac.
- J'évite les produits emballés individuellement ainsi que les fruits et les légumes couchés sur des barquettes en styromousse.
- J'apporte ma tasse ou ma bouteille avec moi afin d'éviter d'utiliser les verres en styromousse ou des bouteilles jetables.
- Je transporte mes lunchs dans des contenants réutilisables.
- J'apporte mes propres sacs lorsque je fais des courses et j'évite de prendre des sacs de plastique.
- J'évite les restaurants où la nourriture est servie dans des contenants jetables.
- Je compose le numéro 1 800 qui se trouve sur plusieurs produits et fais part de mes commentaires aux entreprises désignées. En relations publiques, on considère que la communication d'un individu représente l'opinion d'au moins 1000 personnes qui, elles, ne prendront jamais la peine d'exprimer leur point de vue.
- Je retourne l'excédent d'emballage d'un produit aux dirigeants de la compagnie qui le fabrique, et je les avertis que je ne consommerai plus leur produit à moins qu'ils n'appliquent les correctifs nécessaires.
- J'écris aux instances gouvernementales pour qu'elles mettent en vigueur des politiques d'achats qui répondent aux principes des 3R-V.

Réutiliser

■ J'opte pour des produits vendus dans des contenants consignés. Une fois rapportés à l'épicerie, ces récipients sont renvoyés chez le fabricant où ils sont stérilisés et réemployés. C'est le cas de certaines bouteilles de bière et de bocaux de yogourt en verre.

■ J'utilise des sacs usagés plutôt que d'acheter des sacs à ordures neufs.

■ Je choisis des contenants à remplissages multiples.

■ Je conserve les sacs de lait pour des produits de congélation ou encore pour mes lunchs.

■ Je conserve les contenants pour y mettre les restes, une fois refroidis, mes lunchs, etc.

■ Je réutilise les bocaux pour faire des conserves et des sauces maison et pour entreposer des aliments achetés en vrac.

■ Je peux me servir de plusieurs types d'emballages pour du bricolage, etc.

■ J'emballe mes cadeaux avec des matériaux réutilisés.

■ Je demande à la Société des alcools du Québec (SAQ), propriété de l'État, donc la nôtre, de mettre en place un système de consigne et de réemploi pour les bouteilles de vin.

Recycler

■ Je choisis des produits recyclables.

■ Je recycle.

■ Je favorise l'achat des produits faits à partir de fibres recyclées (emballage, papier de toilette, sacs à ordure, etc.). Je recherche les rubans de Möbius !

Valoriser

■ Je composte ! Le compostage est un procédé biologique naturel qui transforme les matières organiques, comme les déchets de table et les feuilles mortes, en un terreau brunâtre qui ressemble à de l'humus. C'est ce que l'on appelle le compost. Cet engrais naturel résulte de

Forêt certifiée FSC. (© Esperamos)

la décomposition des matières végétales par de multiples micro-organismes.

Composter à la maison, c'est facile. On peut même le faire sur son balcon, d'un troisième étage en ville. Il suffit d'avoir une bonne boîte à compost, que l'on fabrique soi-même ou que l'on achète dans un centre de jardin. Il faut aussi bien s'informer afin d'éviter les embarras et le découragement. Un peu de lecture sur le sujet est toujours utile[66].

Les restes du jardin, les pelures de fruits et de légumes, le marc de café, les sachets de thé et de tisane ainsi que les coquilles d'œufs sont tous des matières premières pour votre compost. Il faut cependant éviter d'ajouter des substances animales (viandes, poissons, produits laitiers) et des matières grasses (huile, beurre, crème, etc.). Ces dernières peuvent provoquer des odeurs désagréables ou, pire, attirer la vermine. Il est aussi important de brasser les matières régulièrement, ce qui facilite leur saine transformation en engrais écologique et évite les mauvaises odeurs.

Faire du compost permet non seulement de recycler le tiers de nos déchets, mais aussi d'obtenir un fertilisant naturel formidable pour le sol et les plantes.

Vivement les bacs bruns!

■ De plus en plus de municipalités se lancent dans la collecte des matières organiques. En plus de leur bac de recyclage et de leur poubelle normale, des citoyens ont maintenant un bac brun dans lequel ils déposent les restes de la cuisine et du jardin. Le tout est ensuite envoyé dans une usine de biométhanisation ou un centre de compostage.

La biométhanisation est une forme de compostage à circuit fermé. Le processus de dégradation biologique s'effectue par fermentation, sans oxygène. En plus de matière fertilisante, il en résulte du biogaz qui peut être utilisé comme source d'énergie pour remplacer des combustibles fossiles comme le gaz naturel. Il peut aussi être utilisé pour le chauffage, le transport et la production d'électricité.

En 2010, le gouvernement du Québec a annoncé son intention de bannir totalement l'enfouissement des matières organiques d'ici 2020[67]. Ainsi, dans les prochaines années, la collecte des matières organiques risque de devenir aussi courante que le recyclage.

En choisissant des aliments les plus Nus possibles...

■ Je mets les lieux d'enfouissement au régime.

■ J'épargne des ressources: des arbres, du pétrole, des minerais, de l'eau, etc.

■ Je réduis ma consommation énergétique.

■ J'évite la contamination du sol, de l'eau et de l'air.

NON-LOIN

Sauriez-vous dire d'où provenait la dernière pomme que vous avez croquée ? Le blé qui a servi à faire votre pain ? Connaissez-vous la personne qui a fait pousser la tomate présente dans votre dernier sandwich ? Probablement non ! La provenance de nos aliments est généralement méconnue.

Il faut reconnaître que nos provisions voyagent beaucoup. Plus que jamais, les étalages de nos épiceries regorgent de nourriture provenant du monde entier : agneau de la Nouvelle-Zélande, café du Brésil, tomates de Californie, sucre des Antilles, clémentines du Maroc, etc. En additionnant tous les kilomètres parcourus par nos aliments, nous avons vite fait le tour du monde en un repas. En deux générations, notre assiette s'est mondialisée.

Le contenu de notre assiette fait du « kilométrage alimentaire » ou *foodmile*, comme on dit en anglais. Il s'agit de la distance que parcourt un aliment depuis l'endroit où il est produit jusqu'au lieu où il est consommé. Cet indicateur nous aide à évaluer une partie de l'impact environnemental de ce que l'on mange puisque, dans la majorité des cas, plus un aliment vient de loin, plus son transport nécessite de l'énergie. Aux États-Unis, des études démontrent que les aliments voyagent en moyenne plus de 2 000 kilomètres avant d'aboutir

Ci-contre : Jardin communautaire de Montréal, près de Peel et Notre-Dame.
(© Éric St-Pierre)

Déchargement de porte-containers dans le port de Dakar. (© Esperamos)

dans une assiette[1]. À la lumière d'études et de données de Statistique Canada et du ministère de l'Agriculture, des Pêcheries et de l'Alimentation du Québec, on estime qu'au Québec nos aliments parcourent en moyenne plus de 2 500 kilomètres du champ à l'assiette[2]. Et c'est une estimation prudente. Il n'y a qu'à penser à tout ce qui nous arrive de Californie par camion, à plus de 4 000 kilomètres du Québec.

Il y a quelques années, l'Agence de santé publique de la région de Waterloo, en Ontario, a comparé le kilométrage alimentaire et les émissions de gaz à effet de serre générés par 58 aliments importés ou produits localement[3]. Il s'avère que les aliments importés voyagent en moyenne 4 497 kilomètres du champ à l'assiette. Ils génèrent 51 709 tonnes de gaz à

LE SAVIEZ-VOUS...

■ Selon les données du ministère de l'Agriculture, des Pêcheries et de l'Alimentation du Québec, la proportion des aliments consommés au Québec provenant du Québec serait passée de 78 % en 1985 à 33 % en 2009. Notre sécurité alimentaire dépend donc de plus en plus du commerce international plutôt que de notre territoire et de nos artisans[4].

effet de serre annuellement. Si, dans cette seule petite région, les importations de ces 58 aliments étaient remplacées par des produits locaux, cela équivaudrait au retrait de 16 191 voitures de la route[5].

Une grande diversité d'aliments pouvant être produits localement sont maintenant importés. Au comptoir des fruits et des légumes, par exemple, les bleuets du Lac-Saint-Jean côtoient ceux de la Californie, l'ail de la Montérégie celui de la Chine, alors qu'à la boucherie l'agneau du Québec occupe moins de place que celui de la Nouvelle-Zélande. Sans compter que les importations sont régulièrement moins chères que les produits locaux en dépit du transport qu'elles nécessitent. Et ce, même dans des pays les moins industrialisés.

LE SAVIEZ-VOUS...

■ Les aliments produits localement sont généralement plus frais et nécessitent moins d'agents de conservation et d'emballage que les aliments qui nous parviennent de l'autre bout de la planète.

Ainsi, au marché de Dakar, au Sénégal, les pilons surgelés de dinde en provenance de l'Union européenne se vendent moins cher que les mêmes produits issus de l'agriculture locale[6]. Il en va de même pour le maïs importé des États-Unis par le Mexique, d'où cette céréale est pourtant originaire et fortement associée à l'identité nationale. Poussé à l'extrême, ce genre de commerce inégal affecte la souveraineté alimentaire de nations entières, particulièrement celle des pays les plus pauvres. Il contribue à la faim de centaines de millions de personnes qui ne parviennent plus à se nourrir adéquatement, faute d'un marché agroalimentaire qui dirige les aliments là où sont les sous plutôt que les besoins. Nous y reviendrons au dernier chapitre de ce livre.

LE SAVIEZ-VOUS...

■ Un trajet de 16 km en vélo requiert 350 kcal, sensiblement ce que l'on retrouve dans un bol de riz. Le même trajet dans une voiture américaine moyenne nécessite 18 600 kcal, soit environ 2 l d'essence[7]. Cela représente 53 fois plus d'énergie.

LIBÉRER LES MARCHÉS ?

L'Organisation mondiale du commerce (OMC), l'Accord de libre-échange nord-américain (ALÉNA), le projet de Zone de libre-échange des Amériques (ZLÉA) et l'Union européenne (UE) sont quelques exemples d'organisations et d'accords internationaux visant à faire tomber les restrictions sur le commerce international des biens et des services.

Autrement dit, ce qui servait autrefois à protéger les marchés intérieurs (comme les taxes à l'importation, les tarifs douaniers, les quotas et les subventions) est peu à peu aboli pour donner libre cours aux forces du marché. Celles-ci opèrent en fonction de la loi de l'offre et de la demande, en cherchant à produire le plus possible au plus faible coût économique possible.

Dans ce système, les coûts environnementaux et sociaux ne sont pas comptabilisés. Ainsi, la pollution des sols, de l'air et de l'eau de même que les pertes d'emplois, l'exploitation des travailleurs et la faim sont considérées comme des « externalités » : des effets regrettables mais « inévitables » du marché, selon les défenseurs de la théorie néolibérale. Ces coûts ne sont pas inclus dans le prix payé par les différents intermédiaires et les consommateurs. La collectivité et les générations futures devront assumer les conséquences environnementales et sociales de la compétitivité économique du libre marché. Aussi les grandes compagnies peuvent-elles de plus en plus facilement faire voyager leurs capitaux et exploiter des entreprises là où les normes environnementales sont à leur avantage et les salaires les plus bas.

> **LE SAVIEZ-VOUS...**
> ■ Le transport de marchandises par train ou par bateau émet de 7 à 95 fois moins de CO_2 que par camion[8].
> ■ Le transport par avion génère 47 fois plus de gaz à effet de serre par tonne au kilomètre que le transport par bateau[9]. La pollution qui résulte du transport aérien est émise surtout en haute altitude où elle contribue encore davantage aux changements climatiques.

Parce que les grandes entreprises achètent et vendent de larges volumes leur permettant ainsi de réaliser des économies d'envergure et parce qu'elles utilisent toutes sortes de stratagèmes afin de payer le moins de taxes et d'impôts possible, elles parviennent à vendre leurs produits moins cher que ceux des petites entreprises locales. Grâce à leur taille, elles ont aussi davantage de moyens et un plus grand pouvoir de négociation et d'influence sur les gouvernements. La concurrence est donc rude pour les petites entreprises, même si elles jouent un rôle capital pour la santé des économies locales et la création d'emplois. Cette course à la productivité qui ne tient pas compte des coûts environnementaux et sociaux est un élément essentiel de la compétitivité.

> **LE SAVIEZ-VOUS...**
>
> ■ Une trentaine de kilos de truffes blanches de France expédiés en avion pollue autant qu'une tonne de produits horticoles provenant du même endroit, transportés par bateau[10].

En facilitant les échanges grâce à divers accords commerciaux, on encourage évidemment le transport de marchandises. Depuis l'entrée en vigueur de l'ALÉNA, le trafic routier a quadruplé aux frontières qui séparent le Canada des États-Unis et les États-Unis du Mexique[11]. Plus de 12 millions de camions de marchandises traversent les frontières nord-américaines chaque année[12].

SE SPÉCIALISER

Pour être concurrentiel, la spécialisation est de mise. Sur le plan agricole, elle s'est traduite par un développement de pratiques intensives et a généré une perte de biodiversité agricole.

Plutôt que de cultiver plusieurs denrées pour la consommation locale, chaque région s'est mise à produire sur une vaste échelle des aliments particuliers souvent destinés à l'exportation. C'est ainsi que le Québec s'est spécialisé dans les productions porcine et laitière. Les Prairies se sont fait connaître pour leurs céréales, le Chili pour ses fruits, la France pour ses fromages et ses vins, la Colombie pour son café, etc.

Avec la spécialisation agricole vient la monoculture. Les organismes génétiquement modifiés (OGM), les pesticides et les engrais chimiques de même que le recours à des machineries lourdes se sont tranquillement imposés dans les champs. Alors que dans les élevages industriels, les hormones de croissance et les médicaments préventifs sont couramment utilisés afin d'augmenter les rendements. Ces pratiques contribuent à l'érosion des sols, à l'eutrophisation des cours d'eau, à la contamination des écosystèmes, à la disparition de cultivars et à la perte de biodiversité en général. Elles affectent également la qualité de vie des animaux de même que notre santé. Il en sera question plus en détails au chapitre 3.

> **LE SAVIEZ-VOUS...**
> ■ Une production de masse a tendance à engendrer un gaspillage de masse. Ainsi en Amérique du Nord, 40 à 50 % de la nourriture produite, transformée et distribuée, est gaspillée avant de parvenir à notre bouche[13] !

D'un point de vue économique, la centralisation de la production de même que le faible coût du transport favorisent le déplacement de millions de tonnes de nourriture partout à travers la planète. Ainsi, au cours de l'année 2008, le Québec a exporté des pommes pour une valeur d'un peu plus

Monoculture en Montérégie. (© Esperamos)

de 5 millions de dollars, mais en a aussi importées pour près de 10 fois plus[14]. La libéralisation des marchés fait en sorte qu'il devient rentable d'engraisser des porcs à Taïwan avec du soja cultivé aux États-Unis et en Argentine[15]. Leur viande est ensuite exportée au Japon. En Europe, des porcs élevés au Danemark et en Belgique traversent le continent pour être abattus en Italie d'où ils repartent transformés, avec l'apellation « jambon de Parme ».

Cette centralisation de la production et de la transformation a aussi cours sur les marchés locaux. Par exemple, depuis la fermeture de l'usine de transformation du lait de Métabetchouan au Lac Saint-Jean, les fermes de cette région doivent envoyer leur lait à Québec pour qu'il y soit homogénéisé et pasteurisé. Celui-ci est ensuite réacheminé dans sa région de provenance. Ainsi, ce lait aura fait un détour de 500 kilomètres avant d'aboutir dans le verre du voisin de la ferme qui l'aura pourtant acheté à l'épicerie la plus proche.

DE PAYSANS À EXPLOITANTS AGRICOLES

Au Québec, il y a de moins en moins de fermes, mais elles sont de plus en plus grandes. Au début des années 1960, on comptait presque trois fois plus de fermes qu'à l'heure actuelle, mais elles étaient à moitié moins grandes[16]. À travers tout le pays, la superficie en culture augmente, mais le nombre de fermes continue de diminuer[17]. Au cours des 10 dernières années, ce sont surtout les petites fermes qui ont disparu. Et cette tendance est mondiale.

Au fil des ans, même les mots pour désigner les acteurs du monde agricole ont changé : de plus en plus de paysans sont devenus fermiers, ensuite agriculteurs, puis producteurs, et maintenant nombreux se qualifient d'entrepreneurs ou d'exploitants agricoles. On ne parle plus tant de vaches, de poules et de cochons, mais d'« unités animales ». Ce changement de nomenclature illustre bien l'évolution de l'agriculture et surtout celle de la relation qu'entretiennent ceux qui nous nourrissent avec la Terre et les animaux.

L'agriculture s'intensifie au Québec

Ainsi, depuis la fin de la Deuxième Guerre mondiale, l'agriculture et les pêcheries se sont grandement intensifiées[18]. Comme plusieurs autres secteurs économiques, elles se sont industrialisées. La machinerie a progressivement remplacé le travail manuel; les agriculteurs et les pêcheurs sont devenus dépendants de ressources et de technologies extérieures, telles que le pétrole, les semences à haut rendement, les pesticides, les engrais chimiques et, maintenant, les ordinateurs et l'équipement de fine pointe.

Pour pouvoir se procurer ces technologies dites « de performance », les agriculteurs et les pêcheurs se sont endettés[19]. Dans ce courant de spécialisation et cette course au rendement, tous n'ont pas tiré leur épingle du jeu. Certains ont dû vendre leurs terres ou leurs bateaux, et d'autres ont fait faillite. Cette situation continue de faire des victimes non seulement au Québec, mais aussi dans le reste du Canada, aux États-Unis, en Europe et, bien sûr, dans les pays les plus pauvres.

FIGURE 2.1

Nombre et superficie des exploitations agricoles québécoises, 1961-2006

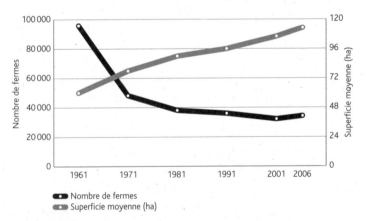

Nombre de fermes
Superficie moyenne (ha)

Sources : Statistique Canada, *Recensement de l'agriculture 2006, 2007* : <www.statcan.gc.ca/ca-ra2006/index-fra.htm>.

En s'organisant collectivement, certains agriculteurs sont cependant parvenus à mieux se défendre contre le rouleau compresseur du libre marché. Au Québec, par exemple, les producteurs laitiers, conjointement avec des organisations gouvernementales, se sont entendus sur des quotas de production. Ils pratiquent ce que l'on appelle la *gestion de l'offre*. En d'autres mots, ils auto-régulent leur production afin de maintenir un équilibre entre l'offre et la demande. Cela leur permet d'obtenir un prix stable et plus équitable. Bien qu'un tel système de quota entraîne des désavantages, il a tout de même permis le maintien de fermes laitières familiales. Ainsi, au Québec, un troupeau moyen en 2010 comptait 58 vaches allaitantes, et 70 % des producteurs étaient au-dessous de cette moyenne[20]. En comparaison, dans l'Ouest américain, un troupeau moyen comptait 846 vaches en 2009[21]. En Californie, plus de la moitié des fermes ont plus de 1 000 vaches. Certaines fermes en ont même 10 000[22] !

L'industrialisation agroalimentaire entraîne son lot de conséquences dans les petites communautés. Le nombre d'emplois dans plusieurs régions rurales est en constante diminution, particulièrement dans le secteur agricole. Les activités économiques dans les villages isolés des grands centres s'amenuisent. Après la fermeture de petits magasins locaux, on assiste à celle de bureaux de poste, de caisses populaires et ultimement d'écoles. Les services offerts dans plusieurs municipalités ont fusionné, réduisant les coûts, mais aussi les perspectives d'emploi. Dans les régions éloignées, nombreux sont les jeunes qui, à la recherche de travail, quittent leur village pour venir en ville. La population rurale vieillit, parfois sans relève.

NOURRIR NOTRE MONDE

Des études comparatives réalisées à travers le monde révèlent pourtant que, contrairement aux croyances populaires, les petites fermes familiales diversifiées ont un meilleur rendement global par unité de terre que les grandes monocultures[23].

Ainsi, un rapport de la Banque mondiale sur l'agriculture en Argentine, au Brésil, au Chili, en Colombie et en Équateur rapporte que les petites fermes sont de 3 à 14 fois plus productives par acre que les grandes avec lesquelles elles compétitionnent[24]. Voilà qui contredit le discours agroalimentaire dominant.

Elles génèrent aussi davantage d'emplois. En Grande-Bretagne, les fermes de moins de 100 acres fournissent cinq fois plus d'emplois par acre que les fermes de plus de 500 acres[25]. Les dépenses des petites fermes sont en fait des investissements qui enrichissent les communautés locales. La majeure partie de leurs coûts est déboursée localement, principalement en salaires. L'argent circule donc à l'intérieur même de la communauté. Les grandes entreprises agricoles, quant à elles, sont forcées d'investir massivement dans l'achat d'équipement de pointe et de produits chimiques provenant de quelques multinationales, surtout américaines et européennes. Ces dernières s'enrichissent à même l'endettement des agriculteurs coincés dans la spirale d'une course à la productivité. Les dépenses des grandes fermes bénéficient donc davantage aux grandes entreprises agrochimiques et aux banques, alors même que les petites fermes permettent davantage de retombées au niveau local.

CHOISIR NOS PRIORITÉS

Au Québec, en 1998, le cap a été mis sur l'agriculture industrielle[26]. Au Sommet de Saint-Hyacinthe, sous la gouverne de Lucien Bouchard, le monde agricole et le gouvernement se

---

LE SAVIEZ-VOUS...

■ Le droit à l'alimentation est un droit humain reconnu comme étant « le droit d'avoir un accès régulier, permanent et libre, soit directement, soit au moyen d'achats monétaires, à une nourriture quantitativement et qualitativement adéquate et suffisante, correspondant aux traditions culturelles du peuple dont est issu le consommateur, et qui assure une vie psychique et physique, individuelle et collective, libre d'angoisse, satisfaisante et digne[27] ».

sont donné pour objectif de doubler le volume des exportations. L'industrie du porc en a été le fer de lance. Cette orientation a fait en sorte que des centaines de millions de dollars dépensés par le MAPAQ ont servi prioritairement à soutenir la production intensive[28]. En 2008, le régime d'aide mis en place ne profitait qu'à 17 types de productions sur une trentaine. Sur celles-ci, quatre seulement s'accaparaient 64 % de l'aide (maïs, veau d'embouche, porc et porcelet)[29]. Pendant ce temps, les petites fermes diversifiées continuaient à disparaître et des produits biologiques de qualité étaient importés, faute d'une production locale suffisante.

Ainsi, il faut se rendre à l'évidence : miser sur l'agriculture d'exportation, et la production porcine en particulier, s'est avéré être un échec à la fois économique, environnemental et social[30]. Malgré les subventions, les agriculteurs d'ici ne sont pas parvenus à concurrencer les mégaporcheries des États-Unis et du Mexique. Dans les campagnes, la qualité de l'eau s'est dégradée en conséquence des nombreux épandages de lisier, ce qui a aussi favorisé le développement de cyanobactéries, les algues bleu-vert. Sans parler des conflicts entre voisins avec la contamination de puits et les mauvaises odeurs.

À la suite des conclusions du rapport de la Commission sur l'avenir de l'agriculture et de l'agroalimentaire québécois, le rapport Pronovost[31], il semble pourtant qu'une réflexion ait été entamée. On peut ainsi y lire que « la Commission estime que l'agriculture de l'avenir doit être multifonctionnelle, c'est-à-dire aller au-delà de son rôle nourricier ; avoir pour mission première de contribuer à nourrir les Québécois ; être plurielle par la diversité de ses entreprises et de ses productions ; reposer sur une culture entrepreneuriale ; être hautement professionnelle dans ses pratiques ; épouser le développement durable [et] tirer profit de son plein potentiel[32]. » Si les recommandations proposées dans ce rapport sont mises en place, l'agriculture québécoise risque de devenir nettement plus écologique et socialement responsable qu'elle ne l'est en ce moment.

Dans tous les changements qui se préparent, il ne faudra pas oublier que la fonction première de l'agriculture est de nourrir les gens. Parce qu'elle répond à ce besoin fondamental maintenant reconnu comme étant un droit, le droit à l'alimentation, l'agriculture ne peut pas être considérée comme un secteur de l'économie comme les autres. Elle doit pouvoir se soustraire aux lois du marché qui, trop souvent, carburent à l'exploitation environnementale et sociale. Mais défendre le droit à l'alimentation implique la défense des droits de ceux et celles qui nous nourrissent, comme nous le verrons au dernier chapitre de ce livre.

Perspectives

de Frédéric Paré

La souveraineté alimentaire

C'est le droit des peuples à définir et à mettre en œuvre leurs propres politiques alimentaires et agricoles, sans miner la capacité des autres peuples à en faire autant. La souveraineté alimentaire n'est donc pas au service de la conquête des marchés mais à celui de la réalisation des droits de l'homme (droits à l'alimentation, au travail décent, à la santé, au développement). Elle permet aux peuples d'œuvrer à leur sécurité alimentaire et à la fonder, de façon ambitieuse et éclairée, sur les ressources physiques et humaines de leur territoire.

S'il est incontestable que les êtres humains sont les premiers responsables de leur propre sort, il est aussi incontestable que la liberté d'exercer cette responsabilité individuelle ne garantit pas que tous arriveront à répondre à leurs besoins. De la même façon, les êtres vivants sont « libres », mais ils ont à se battre pour gagner cette liberté et en meurent souvent. Les êtres humains sont capables de mettre la barre plus haut. Ils font des choix collectifs pour qu'ensemble ils puissent progresser. La souveraineté alimentaire est donc la liberté collective de faire des choix en matière d'alimentation afin que chacun puisse manger à sa faim.

Ce concept de « souveraineté alimentaire » a été proposé par un mouvement paysan international, Vía Campesina, il y a 15 ans, à

Rome. Aujourd'hui, le concept jouit d'un appui international très large tant chez les agriculteurs que chez les consommateurs, grâce à l'appui de leurs milliers d'ONG locales, régionales, nationales et internationales. Aujourd'hui, même certains hommes et certaines femmes politiques affirment l'importance pour les États de reprendre le contrôle de nos systèmes alimentaires pour le bien commun.

Ils et elles ont dit...

■ « Le cycle de Doha n'empêchera pas une autre crise alimentaire. » – Olivier De Schutter, décembre 2008.

■ « Il faut que tous les gouvernements le reconnaissent, nous nous sommes trompés depuis 30 ans, incluant moi lorsque j'étais président... en traitant les aliments comme si c'étaient des télés couleur. » – Bill Clinton, 23 octobre 2008, ONU.

■ « Pour mettre un terme au problème injustifiable qu'est la faim, il faut changer de façon notable nos modes de production et de consommation et préconiser la création d'un système contrôlé par la population, respectueux des communautés et du droit à la souveraineté alimentaire. » – Miguel D'Escoto Brockmann, président de l'Assemblée générale de l'ONU, 9 avril 2009.

■ « Il serait peut-être temps de revoir le modèle de mondialisation qui mise beaucoup trop sur la libre circulation des produits. (...) L'autosuffisance alimentaire doit être le premier défi à relever pour l'humanité. » – Jean Lemire, biologiste, photographe et cinéaste, *La Presse*, 17 avril 2008.

DOMMAGE COLLATÉRAL DE LA SPÉCIALISATION AGRICOLE

Notre patrimoine alimentaire s'effrite

Avez-vous remarqué que, dans pratiquement toutes les épiceries au Québec, aux États-Unis et même en Europe, on retrouve à peu près le même type de tomates, de bananes, de piments, etc.? Pourtant, des milliers de variétés de chacune des plantes que l'on consomme quotidiennement ont existé ou existent encore. Il y a, par exemple, des tomates roses, noires, vertes, mauves et jaunes. Certaines sont grosses comme des melons, d'autres, petites comme des bleuets. Elles peuvent avoir la forme d'un petit concombre ou d'un ananas. Chaque variété a des propriétés propres et un goût qui lui est particulier.

Cette grande richesse génétique est le résultat de la sélection de semences faite par les agriculteurs depuis plus de 10 000 ans[33]. Sur leur petit lopin de terre, année après année, des hommes et des femmes conservaient une partie du fruit de leur récolte pour les prochains semis. Ils faisaient aussi des échanges entre eux. Chaque variété est donc adaptée à un climat et à un sol différents. Elle résiste ou succombe à des prédateurs distincts selon son bagage génétique. Bref, chaque variété est le résultat d'une histoire millénaire. Elle est à elle seule une culture.

LE SAVIEZ-VOUS...

■ Moins du tiers des produits alimentaires consommés par les Québécois proviennent d'ici[34].

■ Si toutes les semaines, chaque famille québécoise remplaçait 20 $ d'achat de biens provenant de l'extérieur par la même valeur en produits québécois, plus de 100 000 emplois pourraient être créés[35].

■ Une étude réalisée par la New Economic Foundation à Londres indique que 10 £ dépensées dans une entreprise locale représentent un investissement de 25 £ dans l'économie locale, comparativement à seulement 14 £ si cette même somme d'argent est dépensée dans un supermarché[36].

Toutefois, cette grande biodiversité alimentaire s'appauvrit de manière draconienne. Aux États-Unis, plus de 7 000 variétés de pommes étaient recensées en 1903. Moins d'un siècle plus tard, 86 % d'entre elles avaient disparu. L'Organisation des Nations Unies pour l'agriculture et l'alimentation (FAO) estime que 75 % des variétés agricoles cultivées dans le monde ont disparu depuis 1900[37].

Autrement dit, avec la spécialisation agricole, on assiste en fait à la disparition d'une grande partie du patrimoine alimentaire de l'humanité[38]. Les variétés disponibles dans les épiceries sont d'abord choisies en fonction de leur productivité, de leur capacité à supporter le transport et en fonction de leur durée de vie sur les étalages. Plusieurs variétés très goûteuses ne sont simplement pas cultivées parce qu'elles sont plus difficiles à commercialiser. Au-delà du goût et de leur valeur écologique, les produits doivent répondre aux critères du marché, dont l'efficacité.

> **LE SAVIEZ-VOUS...**
> ■ Au Pérou, l'agriculture paysanne a su préserver plus de 3 250 variété de pommes de terres[39].

On assiste ainsi, la bouche pleine, à la standardisation des aliments et à l'homogénéisation des goûts et des habitudes alimentaires. La monoculture s'implante du champ à la table et impose un « monogoût ».

LES COÛTS ENVIRONNEMENTAUX DES « KILOMÈTRES ALIMENTAIRES »

Nos aliments ne font pas le tour du monde à bicyclette. Leur transport requiert de grandes quantités d'énergie, pour la plupart non renouvelables, et génère d'importantes quantités de gaz à effet de serre. Sans parler de la construction des routes, des autoroutes, des ports et des aéroports, ni des emballages et des pesticides additionnels ainsi que des agents de conservation et des véhicules réfrigérants nécessaires afin de conserver la nourriture durant les longs voyages. Tout cela nécessite des ressources et de l'énergie dont la production et l'utilisation ont des impacts sur la santé environnementale et humaine.

Nos différents modes de transport, dont la majorité dépend de combustibles fossiles, polluent l'air. La combustion des hydrocarbures (pétrole, essence) génère des gaz à effet de serre, bien sûr, mais également des gaz comme le dioxyde de soufre (SO_2) et les oxydes d'azote (NOx), qui se combinent avec l'humidité de l'air pour former les pluies acides. Cette acidité affecte particulièrement la vie des lacs, des cours d'eau et des forêts. En constatant l'effet des pluies acides sur les boîtes aux lettres et autres objets rongés, il y a de quoi s'inquiéter des répercussions sur la santé des plus petits êtres vivants!

LE SAVIEZ-VOUS...

■ Le transport d'une laitue de la Californie au Québec aura nécessité 36 fois plus d'énergie en combustibles fossiles qu'elle n'en apportera en calories, une fois consommée[40].

ET MA SANTÉ AVEC ÇA?

Les gaz émis par les camions et autres véhicules motorisés ont des impacts directs sur la santé humaine, surtout dans les grands centres urbains où ils se retrouvent en plus grande concentration.

La présence d'oxydes d'azote (NOx) dans l'air attaque le système respiratoire. Le monoxyde de carbone (CO) nuit au travail du sang et, à petites doses, peut causer des maux de tête et de la fatigue. En plus grande concentration, il tue. Quant à l'ozone troposphérique, celui qui se retrouve au

niveau du sol, il peut avoir pour effet d'ir-
riter les yeux, d'aggraver certains problèmes
respiratoires comme l'asthme, et de provoquer des bronchites chroniques[41].

En 2008, l'Association médicale canadienne estimait à 21 000 le nombre de décès
prématurés imputables à une mauvaise qualité de l'air au Canada[42]. C'est la mort de
plus d'êtres humains que la population
totale d'une ville comme Rivière-du-Loup
ou Westmount. Les jeunes enfants, les aînés
de même que les personnes déjà atteintes de maladies cardiaques ou pulmonaires sont particulièrement à risque les jours
de smog intense.

> **LE SAVIEZ-VOUS…**
> ■ Le smog peut s'étendre bien loin de son point d'origine selon les vents dominants. Voilà pourquoi Drummondville et le Centre-du-Québec sont couramment affectés par le smog de Montréal[43].

LES CHANGEMENTS CLIMATIQUES

À l'échelle globale, nous sommes tous affectés par la pollu-
tion atmosphérique et ses effets sur le climat de la planète.
Tout le monde a entendu parler des changements climatiques.
Oui, mais comment cela se produit-il au juste ?

La Terre est entourée d'une très mince couche de gaz rendant la vie possible sur notre planète. Il s'agit de l'atmosphère.
Celle-ci est composée de gaz comme l'azote et l'oxygène. On
y retrouve d'autres gaz, plus rares, mais d'une grande importance : ce sont, entre autres, la vapeur d'eau, le CO_2 (dioxyde
de carbone) ainsi que le méthane. Ces trois derniers agissent
comme les parois d'une serre, laissant pénétrer les rayons du
soleil sans permettre à toute la chaleur d'en sortir. Ce phénomène est en partie naturel. Sans lui, la Terre ressemblerait à la

> **LE SAVIEZ-VOUS…**
> ■ Un Canadien moyen émet par année plus de 17 tonnes de CO_2, soit plus que 3 Suédois, ou que 134 Tanzaniens[44].
> ■ Le transport est responsable d'environ 68 % des émissions de monoxyde de carbone (CO), de 49 % des émissions d'oxydes d'azote (NOx) et de 60 % des émissions d'hydrocarbures[45].

FIGURE 2.2

Émissions carboniques globales de la combustion des énergies fossiles (1751-2007)

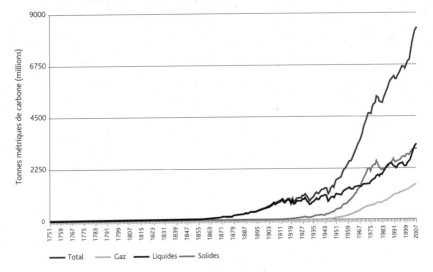

Source : Carbon Dioxide Information, Analysis Center, <cdiac.ornl.gov/trends/emis/tre_glob.html>.

planète Mars, avec une température moyenne de -18 °C au lieu de 15 °C comme c'est le cas à l'heure actuelle[46]. Le hic est que cette couche de gaz qui enveloppe notre planète est de plus en plus dense, au point de perturber le climat.

Depuis le début de l'ère industrielle, les émissions de gaz à effet de serre n'ont jamais cessé d'augmenter. La combustion de carburants fossiles comme le pétrole, le charbon et le gaz naturel contribue à accroître la quantité d'émissions nocives dans l'atmosphère. Ainsi, la production de dioxyde de carbone des dernières années est nettement supérieure à la capacité d'absorption des océans, des arbres et des autres végétaux. L'équilibre du cycle de la nature s'en trouve perturbé.

Les records de température auxquels nous assistons de plus en plus souvent sont donc le symptôme d'une plus grande variabilité climatique, laquelle commence à affecter notre quotidien. Ainsi les inondations du Saguenay de l'été

Rejet de polluants dans l'air. (© Esperamos)

1996 et le verglas de l'hiver 1998 sont-ils souvent cités comme des exemples de ces changements au Québec. Les variations subites de température, la fonte des glaciers, la modification des mouvements migratoires des animaux de même que la propagation de maladies tropicales de plus en plus au Nord (virus du Nil occidental, malaria, etc.) sont également emblématiques de ces bouleversements climatiques.

À l'échelle de la planète, depuis les années 1980, le nombre de catastrophes climatiques ne cesse d'augmenter. Il s'en produit de 400 à 500 par année, alors que, il y a 30 ans, on en comptait en moyenne 125[47]. Selon le Programme des Nations Unies pour le développement (PNUD), entre 2000 et 2004, elles ont touché environ 262 millions de personnes par année, dont plus de 98 % vivaient dans les pays en voie de développement[48].

Bien que les changements climatiques touchent toute la planète, ils risquent d'affecter plus particulièrement les régions côtières, vulnérables à une montée du niveau de la mer[49]. Cette élévation est due à ce que l'on appelle « l'expansion thermique » : une même quantité d'eau occupe un volume plus grand d'espace à mesure que sa température augmente. La fonte des glaciers contribue aussi à ce phénomène.

Selon les estimations les plus modérées, une élévation d'à peine 30 cm forcerait l'évacuation de millions de personnes. L'infiltration d'eau de mer rendrait de nombreuses terres agricoles stériles, et l'eau des puits impropre à la consommation. Si le niveau des océans montait d'un mètre, 17 % du Bangladesh serait submergé, alors que ce pays produit à peine 0,3 % des gaz à effet de serre émis sur la planète[50].

Ayant un accès limité aux ressources comme à l'information, les personnes les plus pauvres sont particulièrement vulnérables en cas de catastrophes naturelles, de sécheresses, d'inondations ou d'épidémies[51]. Pourtant, de manière globale, ce sont elles qui émettent le moins de gaz à effet de serre. Ainsi les injustices sont aussi climatiques.

Kyoto, et après ?

Adopté en 1997, mais entré en vigueur en 2005, le protocole de Kyoto propose l'établissement de mesures contraignantes forçant les pays signataires à réduire leurs émissions de gaz à effet de serre. Afin d'éviter de trop fortes perturbations climatiques, les scientifiques ont proposé un objectif de réduction globale de 5,2 % par rapport aux émissions de 1990. Les pays signataires ont jusqu'à 2012 pour y parvenir.

Bien que le Canada ait ratifié le protocole de Kyoto, le pays émet 24 % plus de gaz à effet de serre qu'en 1990 ! Une des grandes causes de cette augmentation spectaculaire est le développement des sables bitumineux dans l'Ouest canadien[52]. Les États-Unis, qui eux ne se sont pas engagés, ont aussi augmenté leurs émissions, mais de 17 %. Mieux vaut donc regarder de l'autre côté de l'Atlantique pour garder espoir. En 2008, l'Europe avait réduit de 11 % ses émissions de gaz à effet de serre comparativement à 1990. Soit 3 % de plus que ses engagements légaux[53].

Chose certaine, rien ne sert d'attendre le gouvernement fédéral pour agir, autant sur le plan individuel que collectif.

C'est d'ailleurs ce qu'a choisi de faire le Québec en se donnant le plus ambitieux objectif de réduction d'émissions de gaz à effet de serre de toute l'Amérique du Nord pour la période post-Kyoto, de 2013 à 2020, soit une réduction de 20 % par rapport à 1990[54]. Pour y parvenir, nous sommes tous appelés à passer de la parole aux actes en nous mobilisant, mais également en modifiant certaines de nos habitudes alimentaires. Comme nous le verrons au dernier chapitre, la réduction de notre consommation de viande est un premier pas important, mais il y en a d'autres...

L'ACHAT DIRECT

Avez-vous remarqué que, depuis quelques années, il est de plus en plus facile de s'approvisionner directement auprès de producteurs locaux ? Les marchés publics et les systèmes de vente directe se sont multipliés un peu partout à travers le Québec. Il s'agit d'une tendance qui se développe partout en Occident, car, de plus en plus de gens choisissent de s'approvisionner directement à la ferme, que ce soit pour des légumes ou de la viande. Certains le font pour le goût, étant à la

Scène du marché Atwater, Montréal. (© Éric St-Pierre)

recherche de produits de qualité, mais aussi pour le plaisir de connaître et de soutenir ceux et celles qui nous nourrissent.

L'agriculture soutenue par la communauté (ASC) s'inscrit dans cette démarche de vente directe en plus d'être un choix écologique. Unis dans un partenariat producteurs–consommateurs, les agriculteurs biologiques, grâce à l'ASC, vendent directement, et à l'avance, une part de leur récolte à des citoyens de leur région. La formule des « paniers bios » évite aux fermes de s'endetter auprès d'institutions financières et leur garantit un marché et des revenus. Quant aux consommateurs, ils obtiennent des produits exempts de pesticides et d'organismes génétiquement modifiés, fraîchement récoltés et à un meilleur prix qu'à l'épicerie.

Parti de rien en 1995, le réseau d'Équiterre compte maintenant 117 fermes qui approvisionnent en légumes, fruits et viandes plus de 30 000 personnes dans 13 régions du Québec. D'autres initiatives de ce genre existent, telles que la Coopérative Bio-Paysanne, membre de l'Union paysanne, ainsi que Les Jardins Urbains.

Perspective

de Frédéric Fournier

Mon agriculteur de famille !

Hep ! Vous, là-bas, devant ces lignes, ça ne vous dirait pas de devenir tout comme moi l'un de ces privilégiés qui font partie d'un projet d'ASC ? ASC pour « agriculture soutenue par la communauté ». Il s'agit d'un de ces rares projets où la relation producteurs–consommateurs ne se limite pas à un échange d'argent pour un produit mais va bien au-delà.

Le concept de l'ASC est fort simple. Vous prenez d'un côté un agriculteur, une agricultrice, des amoureux de la terre, soucieux de l'environnement et donc réticents à utiliser de quelconques produits chimiques. De l'autre côté, des citadins – 10, 20, 50, 100, etc. – désirant des produits de qualité, les plus frais possible et, évidemment, biologiques. Une fois par semaine, notre agriculteur bio vient livrer en ville à un point de chute des paniers, tous identiques, remplis de légumes, généralement chez l'un des partenaires. À l'intérieur de chaque panier, on y découvre, selon la saison, carottes, céleris, poivrons, topinambours, oignons. Au total plus de vingt sortes de légumes.

Vous allez me dire que cet échange ne va que dans un sens ? Détrompez-vous, car voici les autres points forts des projets de l'ASC. Au printemps, quelques mois avant de recevoir leurs paniers, les partenaires paient à l'avance directement à l'agriculteur une partie du montant de la récolte. Celui-ci évite de s'endetter pour acheter des semences et couvrir les autres coûts de production. Ainsi, les partenaires partagent avec l'agriculteur les risques de grêle, d'insectes ou autres problèmes pouvant survenir. Cette année, par exemple, les doryphores ont fait un festin de pommes de terre, à notre insu. Nous aurons donc un peu plus de poireaux dans nos paniers et moins de pommes de terre...

De même, trois à quatre fois durant l'année, nous sommes tous conviés à participer aux activités de la ferme. Au programme : désherbage, récolte des poireaux, des carottes, mais aussi rencontre avec un herboriste, visite de la ferme, ainsi que la traditionnelle grande fête des récoltes... Résultat : une centaine de personnes de 1 à 77 ans se retrouvent gambadant dans les champs.

Du Bas-Saint-Laurent à l'Outaouais en passant par la Montérégie et les Cantons-de-l'Est, plus d'une centaine de fermes prennent maintenant part à un réseau d'Agriculture soutenue par la communauté coordonné par Équiterre. Chaque année au Québec, quelques dizaines de milliers de consommateurs deviennent comme moi partenaires de fermes biologiques locales.

La participation à ce projet m'a énormément apporté : des légumes biologiques frais cultivés localement (moins chers que ceux de l'épicerie !), une meilleure connaissance de la vie à la ferme et, bien sûr, le plaisir de partager concrètement des idées communes avec une multitude de personnes d'horizons variés.

Grand merci à vous, famille Roussel, pour ce que vous nous faites partager...

Savoir lire les étiquettes

On a beau souhaiter privilégier l'achat de produit locaux, il n'est pas toujours facile de s'y retrouver à la lecture des étiquettes. Si parfois l'information manque, à d'autres occasions le trop-plein d'information crée la confusion. Voici quelques éléments pour nous aider à nous y retrouver.

« Aliments du Québec »

Le programme « Aliments du Québec » permet aux consommateurs d'identifier plus facilement les produits alimentaires québécois. On retrouve ce logo affiché directement sur les emballages d'aliments provenant du Québec ou même d'aliments préparés au Québec en fonction de différents critères vérifiés par le processus d'accréditation mis en place par « Aliments du Québec ».

Ainsi, selon la définition, cet organisme d'accréditation : « Peut être considéré comme un aliment du Québec tout produit entièrement québécois ou dont tous les ingrédients principaux proviennent du Québec et pour lequel toutes les activités de transformation et d'emballage sont réalisées au Québec. » Ce logo peut également être apposé sur des aliments préparés au Québec sans pour autant que tous les ingrédients proviennent d'ici. Dans ces cas, plus de 50 % des ingrédients doivent être d'origine québécoise et au moins 80 % des frais reliés aux activités de transformation et d'emballage doivent avoir été dépensés au Québec.

Lorsque la matière première n'est pas disponible en quantité ou en qualité suffisante sur place, elle peut être importée[55]. Dans ces circonstances, 100 % des activités de transformation et d'emballage doivent être réalisées au Québec. Il est donc possible de voir le sceau « Aliments du Québec » sur un emballage de café ou de chocolat. Par contre, pour qu'un jus de pomme ait droit à l'affichette, 100 % des fruits doivent avoir été récoltés au Québec, puisque la pomme est un fruit qui se cultive ici. Les entreprises étrangères opérant sur le territoire québécois peuvent elles aussi utiliser le sceau, pourvu que leurs produits répondent aux critères. Ainsi, dans tous les cas, ce sont les produits en tant que tels, et non les entreprises, qui obtiennent la certification.

« Aliments du Québec » et « Aliments préparés au Québec » sont des marques déposées, enregistrées en vertu de la Loi fédérale sur les marques de commerce. Les entreprises déposent une demande d'accréditation à l'organisme pour des produits en particulier. S'ils répondent aux critères de certification vérifiés par « Aliment du Québec », ils obtiennent l'approbation et les entreprises doivent payer une cotisation à l'organisme afin d'assumer les frais d'encadrement et le travail de promotion.

Cette initiative est un projet conjoint de l'Association des détaillants en alimentation (ADA), de l'Association des restaurateurs du Québec (ARQ), de la Coop fédérée du Québec (CFQ), du Conseil canadien de la distribution alimentaire (CCDA), du Conseil de la transformation agroalimentaire et des produits de consommation (CTAC), des Tables de concertation agroalimentaire du Québec (TCAQ) et du ministère de l'Agriculture, des Pêcheries et de l'Alimentation du Québec (MAPAQ).

Les appellations d'origine

Contrairement à « Aliments du Québec », les appellations d'origine comme « Agneaux de Charlevoix » ne sont pas des marques déposées, mais bien des certifications officielles au même titre que les certifications biologiques dont nous parlerons au prochain chapitre. Au Québec, une appellation d'origine est donc réservée à des produits certifiés qui sont conformes à des cahiers de charge précis et contrôlés par le Conseil des appellations réservées et des termes valorisants (CARTV), mis sur pied par le gouvernement du Québec en 2006.

Dans le cas de l'« Agneau de Charlevoix », par exemple, ce logo ne peut se retrouver que sur de l'agneau né et élevé dans la région de Charlevoix. Il doit y avoir passé toute sa vie, de la naissance jusqu'à la fin de l'engraissement. Il aura été nourri de céréales cultivées localement, principalement d'orge, d'avoine et de fourrages produits par les éleveurs eux-mêmes[56].

« Produit du Canada »

Pour qu'un aliment puisse porter la mention « Produit du Canada », il faut qu'au moins 98 % des ingrédients soient d'origine canadienne, et que la transformation, dont la dernière étape, ait lieu au Canada[57]. Ainsi, un gâteau fabriqué au Canada à partir de farine, de sirop d'érable, d'œufs et de beurre canadiens peut porter la mention « Produit du Canada », même s'il contient aussi du chocolat et de la vanille importés. Ceux-ci doivent cependant représenter moins de 2 % du contenu.

« Fait au Canada »

Lorsqu'un aliment porte la mention « Fait au Canada », au moins 51 % des coûts directs de production ou de fabrication ont été engagés au Canada et la dernière transformation substantielle du produit y a été effectuée[58]. Cela comprend les ingrédients, les frais d'emballage et ceux liés à la main-d'œuvre. L'origine exacte du produit n'a donc pas besoin d'être indiquée si la majeure partie des coûts a été défrayée au Canada et que la dernière transformation substantielle y a eu lieu. Ainsi, un pot de confiture de fraises fabriqué avec des fruits et du sucre importés peut porter la mention « Fait au Canada » si les coûts de fabrication et d'emballage réalisés au Canada dépassent 51 %. Les fraises n'ont donc pas besoin d'avoir été cultivées au pays.

Lait 100 % canadien

Grâce au système de gestion de l'offre dont dispose le Canada, lorsque nous achetons du lait ou de la crème, nous avons la garantie qu'ils viennent entièrement d'ici. Ce n'est pas toujours le cas pour les autres produits laitiers. Ainsi, vous avez peut-être remarqué à la lecture des ingrédients de certains desserts glacés et fromages la mention « substance laitière modifiée ». Il s'agit de sous-produits du lait : caséinate, caséine, concentré de protéines ou mélange d'huile de beurre et de sucre[59]. Bien qu'ils puissent être fabriqués ici, ces ingrédients sont souvent importés à bas prix d'Irlande, de France, de République tchèque ou même de la Nouvelle-Zélande.

Si vous tenez à acheter des produits laitiers entièrement d'ici, mieux vaut prendre le temps de lire la liste d'ingrédients afin de privilégier le lait et la crème aux « substances laitières modifiées ». Une autre option est de chercher le logo de la petite vache bleue « Lait 100 % canadien », mis de l'avant par les Producteurs laitiers du Canada à laquelle appartient la Fédération des producteurs de lait du Québec[60].

« Importé »

Lorsqu'un aliment porte la mention « Importé », cela signifie qu'il provient dans sa totalité d'un autre pays et qu'il est vendu au Canada sans être modifié. Il arrive que le mot « Importé » soit écrit plus petit que l'adresse de l'importateur au Canada. Mieux vaut avoir les yeux bien ouverts !

Décoder un « code barres » ?

Presque tout ce que l'on achète aujourd'hui a un code barre. Il s'agit d'un numéro de référence – un code de chiffres – qui, grâce à un système informatique, donne accès à un fichier contenant des données utiles à propos d'un item : type de produit, prix, nom du distributeur, quantité disponible, etc.[61]

Contrairement à certaines informations qui circulent sur Internet, les deux ou trois premiers chiffres du code barre ne constituent pas un bon moyen de connaître l'origine d'un produit[62]. Ils indiquent seulement le pays où est enregistré le dernier distributeur : celui qui a envoyé le produit avec le code barre au magasin où vous vous le procurez.

Bien qu'elle ne soit pas toujours clairement identifiée, il est donc préférable de se fier à la provenance officiellement écrite sur l'étiquette d'un produit.

*Consomm***Action**

■ Je prends part à un projet d'Agriculture soutenue par la communauté (ASC) ou à un groupe d'achat qui s'approvisionne directement auprès de producteurs locaux.

■ J'achète des produits de ma région, le plus près possible d'où j'habite. Quoi de meilleur au goût qu'un aliment mûri au soleil et fraîchement cueilli !

■ Je favorise l'achat local et demande à mon épicier et au gérant de la cafétéria d'en faire autant et de mieux indiquer la provenance des aliments. Cinq minutes suffisent souvent à remplir une petite feuille de suggestions.

■ Je me régale de produits du terroir québécois.

■ Plutôt que d'utiliser exclusivement du sucre blanc importé, je sucre avec du miel, du concentré de fruits ou du sirop d'érable.

■ Je recherche les affichettes «Aliments du Québec».

■ Je fais mon marché à pied ou à bicyclette autant que possible.

■ Mes choix alimentaires suivent le plus possible le rythme des saisons. Je peux par exemple choisir de manger des fraises plutôt que des oranges au début de l'été, et des courges plutôt que des asperges en automne.

■ J'encourage les petits commerçants de mon quartier en y faisant mes achats.

■ Je vais au marché public choisir une panoplie de produits frais de la région.

■ À la campagne, je profite des kiosques au bord des routes.

■ Toutes sortes de fruits et de légumes «exotiques» poussent au Québec. Chaque semaine, en saison, j'en essaie de nouveaux, comme le topinambour, le chou-rave, le céleri-rave, le panais, diverses variétés de courges, le rampon, l'endive, la bette à cardes, le pois mangetout, le fenouil, le chou rouge, le salsifis, la cerise de terre, la groseille, l'artichaut et bien d'autres encore. Je goûte aussi à des variétés du patrimoine.

■ Je profite de la saison des récoltes pour aller faire de l'auto-cueillette de fruits et de légumes à la campagne et je fais des provisions pour l'hiver.

■ Je minimise l'utilisation de la voiture en planifiant mes courses à l'avance.

■ Cultiver son propre jardin est le meilleur moyen de savoir ce que l'on mange. En ville, je peux demander l'accès à un emplacement dans un jardin communautaire. Je peux aussi faire pousser des tomates, des fines herbes et d'autres aliments sur le balcon et sur le toit de la maison en réutilisant des contenants alimentaires.

■ Si je fais un jardin, je prends la peine de choisir quelques variétés de graines et de plants qui contribuent à la conservation de notre patrimoine agroalimentaire. Je me renseigne sur les variétés indigènes[63]. Je m'assure de ne pas acheter de semences génétiquement modifiées.

■ Je prépare des confitures, des conserves ou des lactofermentations, comme la choucroute, avec les produits de saison. Je peux aussi faire déshydrater ou congeler des aliments pour les préserver l'hiver.

■ J'écris aux politiciens, aux dirigeants de chaînes d'alimentation et d'entreprises agroalimentaires pour leur demander de favoriser les politiques d'achat local. Je leur demande que la provenance des aliments soit mieux indiquée. Je peux aussi utiliser les numéros sans frais pour communiquer mes opinions par téléphone.

■ J'écris ou je téléphone aux compagnies agroalimentaires pour leur demander d'utiliser prioritairement des ingrédients locaux. Je leur fais savoir que nous voulons encourager les agriculteurs d'ici et l'emploi dans notre région. Je cherche l'appui d'institutions pour encourager l'achat local. Je fais connaître mon opinion via les médias.

■ Je demande aux gouvernements d'adopter des politiques qui encouragent une agriculture diversifiée, écologique et à dimension humaine. Comme cela se fait déjà en Europe, certaines subventions à l'agriculture pourraient par exemple être conditionnelles à des pratiques agricoles plus écologiques (principe d'écoconditionnalité). Des taxes à la consommation pourraient également être appliquées sur certains produits en fonction des impacts environnementaux et sociaux qu'ils entraînent. Cela serait un moyen d'intégrer les coûts environnementaux et sociaux dans les prix à la consommation et d'encourager ainsi des choix plus responsables. Je peux aussi faire part de mes opinions aux politiciens et aux médias concernant les accords de libre-échange.

■ Je prends part ou j'appuie des mouvements comme l'Union paysanne, Environnement Jeunesse, *Slow Food*, Équiterre et le Programme semencier du patrimoine Canada qui tous militent pour une agriculture locale, écologique et à dimension humaine.

■ Je prends part à une fiducie foncière (un *land trust*). Celle-ci est une corporation sans but lucratif qui vise à promouvoir la protection, la conservation et l'aménagement de milieux naturels ou agricoles écologiques, en encourageant les individus à préserver les terres qu'ils possèdent ou à en acquérir collectivement pour les mêmes raisons.

■ Je m'implique politiquement.

En achetant des produits locaux...

■ Je contribue à réduire la pollution de l'air et les émissions de gaz à effet de serre liées au transport.

■ Je crée de l'emploi dans ma région.

■ Je soutiens la vie rurale de mon pays et toute sa diversité agro-alimentaire.

■ Je contribue à notre souveraineté alimentaire.

■ Je me régale !

NATUREL

Il y a de cela 10 000 ans, les êtres humains ont commencé à récolter les semences des meilleures plantes pour faire pousser leur propre nourriture[1]. Là où les conditions étaient les plus favorables, les chasseurs-cueilleurs sont peu à peu devenus agriculteurs et éleveurs, sélectionnant, cultivant et élevant les espèces les plus productives et les plus appréciées. N'ayant plus à se déplacer constamment à la recherche de nourriture, ils se sont graduellement sédentarisés dans les régions les plus fertiles. Ils ont établi les premiers villages, dont certains sont devenus des villes ; et grâce à l'agriculture, les civilisations ont ainsi pris leur essor. Encore aujourd'hui, les campagnes nourrissent les villes. Sans l'agriculture pour répondre à ce besoin vital, de se nourrir, aucun autre secteur économique ne pourrait se développer.

Depuis l'époque néolithique, l'agriculture a beaucoup changé et notre alimentation aussi. Après la Deuxième Guerre mondiale, les produits chimiques sont devenus omniprésents dans notre système agroalimentaire. On s'est mis à cultiver la terre à l'aide d'engrais et de pesticides de synthèse. Des semences améliorées se sont peu à peu imposées dans les champs, alors que les organismes génétiquement modifiés (OGM) dominent maintenant les grandes cultures de maïs, de canola (colza) et de soya au Canada, aux États-Unis, en

Ci-contre : Monsieur Lehman de la fromagerie Lehman à Hébertville au Saguenay-Lac-Saint-Jean. (© Esperamos)

Argentine et au Brésil. La plupart de nos assiettes contiennent donc des additifs alimentaires artificiels, allant du colorant aux émulsifiant en passant par les agents de conservation.

Tous ces développements sont extrêmement récents dans l'histoire de l'humanité. Durant des millénaires, les êtres humains se sont nourris de façon naturelle. Tout ce qu'ils mangeaient était biologique, puisque l'agrochimie et le génie génétique n'existaient tout simplement pas. Si l'on s'amusait à transposer l'histoire de l'agriculture dans une journée de 24 heures, l'agriculture industrielle n'apparaîtrait que quelques minutes avant minuit... et se métamorphoserait dans le même laps de temps.

LES PIERRES ANGULAIRES
DE L'AGRICULTURE INDUSTRIELLE

Des monocultures, vous en apercevez lorsque vous empruntez une route de campagne et voyez des millions de plants de maïs, de soya, ou autres, tous semblables. Ces champs constituent un véritable paradis pour les plantes et les insectes nuisibles.

Imaginez que vous êtes un doryphore (petit insecte se nourrissant des feuilles du plant de la pomme de terre) au milieu de 150 hectares de votre aliment préféré. Devant une telle abondance, n'importe quel parasite a tôt fait de se reproduire. C'est le début de l'invasion. Solution facile : les pesticides de synthèse pour remédier de manière efficace et brutale aux attaques contre les récoltes.

Il faut savoir que l'invasion de parasites dans les monocultures et dans les élevages intensifs est en fait un phénomène d'autoprotection de la nature. L'écosystème se bat contre un déséquilibre engendré par l'intervention humaine. Car les grandes monocultures répétées année après année appauvrissent les sols et contribuent à leur érosion. Les pesticides et les engrais chimiques sont alors utilisés pour contrer artificiellement les symptômes de ce déséquilibre.

Perspective

Témoignage d'Alexis Waridel, père de Laure

Demain il fera beau

Mon petit-fils fait trois fois le tour de la cour sur son petit vélo. Il s'arrête devant la porte de la laiterie où je lave les ustensiles de la traite : « Grand-papa, quand je serai grand, je veux devenir fermier. » Ainsi va la vie à la ferme. Une génération en pousse une autre, chacune espérant avoir une vie meilleure que la précédente. Vivre de la terre différemment.

Quand j'étais enfant, mon père avait huit vaches, quatre génisses, quatre veaux et deux cochons. Les cochons mangeaient les restes de la cuisine et du jardin et nous mangions les cochons. Le laitier du village transformait notre lait en fromage. Le verger nous donnait des fruits, et le potager des légumes. C'était en Suisse, il y a 50 ans.

Une rigoureuse rotation des cultures, appelée « assolement », permettait de préserver un bon équilibre du sol, un contrôle efficace des mauvaises herbes et assurait un rendement régulier année après année. Prairies, céréales, pommes de terre et betteraves se succédaient à intervalles réguliers sur des parcelles plus ou moins identiques.

À 24 ans, je me suis marié. Il a fallu un peu plus d'argent. Le troupeau a grossi peu à peu, passant au total à une trentaine d'animaux. La main-d'œuvre se composait de mon père, de ma mère, de mon épouse Heïdi et de moi-même. Nous étions presque toujours trois dans les champs. La grand-maman s'occupait des enfants et Heïdi travaillait avec moi. Il n'y avait qu'une cuisine ; nous vivions tous ensemble.

Mon père vieillissait. Pour maintenir la performance de la ferme, nous avons dû laisser de plus en plus de place à la mécanisation. Insidieusement, une

Alexis Waridel. (© Éric st-Pierre)

machine en appelle une autre. Je me souviens du départ de nos deux chevaux comme si c'était hier. Mon père et ma mère pleuraient, tandis que moi, je ne voulais pas les voir partir. J'ai encore un pincement au cœur quand j'y pense.

À ce moment-là, la ferme appartenait à mon père. Désirant devenir propriétaires nous-mêmes, nous avons acheté, ma femme et moi, une terre au Québec en 1975. Notre troupeau est passé de 20 à 40 vaches. Maintenant, j'ai 60 ans et je trais les 60 vaches de mon fils.

Pour être compétitif et rester dans le coup, il faut faire grossir le troupeau, il faut se spécialiser, s'industrialiser. Il faut de l'argent pour faire les paiements sur la machinerie, il faut de l'argent pour payer le carburant, il faut de l'argent pour acheter les engrais et les produits antiparasitaires ; il faut beaucoup d'argent. Et pour que l'on puisse avoir l'argent pour faire les paiements, il faut que la terre produise de plus en plus.

Les entreprises agrochimiques étaient heureuses de créer à grands coups de publicité des débouchés pour leurs produits. Ce n'est pas très difficile de prouver, chiffres à l'appui, que l'agriculture traditionnelle ne répond plus aux ambitions d'un cultivateur moderne, qu'il faut se spécialiser, laisser tomber les pratiques naturelles et faire confiance à la science. Techniciens, agronomes, économistes et politiciens, souvent à la solde des multinationales et des banques, ont favorisé cette agriculture industrielle en accordant des subventions et des prêts à taux réduits, garantis par les gouvernements.

Il faut admettre que la productivité a bel et bien augmenté à court terme. Il y a moins d'agriculteurs qu'avant, mais, théoriquement, nous produisons suffisamment pour nourrir une population mondiale en croissance. Les travaux sont facilités par la machinerie, c'est beaucoup moins difficile physiquement.

Notre relation avec la terre et les animaux a elle aussi changé. Tout est calculé en fonction de la rentabilité, de l'efficacité et de la performance à court terme. La monoculture oblige à l'utilisation de machineries lourdes qui compactent le sol et à celle de produits chimiques qui hypothèquent la santé de l'environnement ainsi que la nôtre.

Aujourd'hui, je suis un vieux cultivateur. Mon fils a pris la relève de l'exploitation que j'avais rêvée de bâtir au Québec. Sur les quelques arpents de terre attenants à la maison où j'habite aujourd'hui, 12 vaches broutent avec leur petit veau qui les tètent. Certaines personnes me demandent : « Que fais-tu avec ces vaches ? Elles ne te rapportent rien... » Je leur réponds : « Je les regarde. »

Texte original rédigé en 1997

Post-scriptum

Depuis que mon père a écrit ce texte, il y a 14 ans, bien des choses ont changé. Après la retraite de mon père, mon frère et ma belle-sœur ont vendu leurs vaches pour se lancer dans l'élevage d'agneaux en 2003. Ils craignaient alors que la production laitière au Québec ne fasse les frais des accords de libre-échange internationaux. Mais quel que soit le secteur agricole, il est difficile de s'extraire d'un système agroalimentaire globalisé, comme l'explique mon frère : « C'est pas évident de concurrencer avec l'agneau qui arrive à la tonne de Nouvelle-Zélande. Ce qui nous sauve, c'est la vente directe à la ferme et au marché public de Saint-Jean. On écoule comme ça 75 % de notre production. » L'incertitude qui pèse constamment sur l'agriculture a poussé le fils aîné de mon frère, qui dit vouloir devenir fermier lui aussi, à entamer des études universitaires en agronomie.

Quant aux quelques vaches de mon père, il a dû s'en départir à la fin de l'automne 2010, à la suite de l'établissement des nouveaux critères du Programme assurance stabilisation de la Financière agricole du Québec. Son bâtiment de ferme n'étant pas de taille à permettre à un plus grand troupeau d'y être confortable durant l'hiver, mon père a préféré vendre ses vaches plutôt que d'agrandir, ce qu'exigeaient les nouveaux critères gouvernementaux. Les veaux que mon père vendait chaque automne permettaient pourtant d'alimenter sainement et à bon prix une vingtaine de familles qu'il approvisionnait directement.

LES PESTICIDES

Les pesticides de synthèse sont des substances chimiques utilisées contre des parasites animaux ou végétaux qui nuisent à certaines activités humaines, notamment à l'agriculture. Comme la terminaison du mot l'indique (*-cide*), les pesticides sont créés pour tuer. Ce sont des poisons. On applique des herbicides aux cultures pour tuer les plantes compétitrices, des fongicides contre les champignons, des insecticides contre les insectes, etc. En général, l'industrie préfère utiliser les termes moins communs, mais plus neutres, comme « produits phytosanitaires » ou « antiparasitaires », ou parfois même « biocides » qui peut laisser croire qu'il s'agit d'un produit biologique.

Comme les plantes, les animaux et les micro-organismes qualifiés de nuisibles deviennent rapidement résistants aux pesticides, des quantités croissantes de produits de plus en plus puissants sont appliquées. Aux États-Unis, par exemple, il s'utilisait huit fois plus d'insecticides en 2000 qu'en 1950, ce qui n'a pas empêché les pertes de récolte attribuables aux insectes de doubler au cours de la même période[2].

Contrairement à ce que promettait l'industrie agrochimique, l'emploi de semences génétiquement modifiées a contribué à faire augmenter l'utilisation de pesticides plutôt qu'à la réduire. En 2008, un hectare de culture génétiquement modifiée nécessitait 26 % plus de pesticides que son équivalent sans OGM[3]. Les mauvaises herbes sont en effet de plus en plus résistantes au glyphosate, principal ingrédient des semences de type « *Roundup Ready* ».

Bien que les limaces puissent dévorer des cultures de laitue, elles ne sont pas pour autant nuisibles du point de vue d'un crapaud, qui fait de ce mollusque un festin de choix. En empoisonnant les limaces, on affecte aussi les crapauds et, avec eux, toute la chaîne alimentaire. Les pesticides de synthèse ne touchent rarement que le parasite ou l'herbe qu'ils cherchent à éliminer, puisque, dans un écosystème, tout est interrelié. Ils affectent la vie d'autres êtres vivants, y compris celle de l'humain.

Santé

Les pesticides chimiques polluent les sols, l'air et l'eau et, par le fait même, affectent la santé des êtres vivants. Ils n'ont cependant pas tous le même degré de toxicité. Plusieurs se dégradent après un certain temps au contact de l'air, de la lumière et de l'eau, alors que d'autres persistent dans l'environnement pendant plusieurs générations.

C'est le cas des pesticides qualifiés de polluants organiques persistants (POP), comme le DDT, les organochlorés et les organophosphorés. Ils peuvent être transportés sur de grandes distances par les vents et par l'eau sous forme de particules, de vapeur ou de gouttelettes. Ils traversent même les océans au point de contaminer les écosystèmes dans l'Arctique et l'Antarctique, bien loin des grandes monocultures de bananes et de piments où ils sont appliqués. Ainsi, paradoxalement, les concentrations d'organochlorés dans le lait maternel des Inuits du Nunavik sont de 2 à 10 fois plus élevées que celles mesurées dans la population non autochtone du Sud[4].

Les POP voyagent aussi par l'intermédiaire des êtres vivants. Ils se bio-accumulent jusqu'aux derniers maillons de la chaîne alimentaire, où ils se trouvent en plus grande concentration. Certains pesticides passent ainsi du plancton au menu poisson qui le mange, jusqu'au plus grand qui dévore les plus petits. Se régalant d'animaux marins comme le thon, l'humain absorbe aussi des POP par le biais de son alimentation.

Depuis une cinquantaine d'années, de plus en plus de polluants sont présents à différents niveaux dans tous les êtres vivants, de la baleine bleue au nouveau-né. Il y en a sur toute la planète. Aujourd'hui, chaque personne contient les traces de plus d'une centaine de contaminants dans son sang[5].

Bien que les études sur des produits spécifiques se multiplient, il est encore difficile d'établir un lien de cause à effet entre l'exposition à l'ensemble de ces substances et le développement de maladies spécifiques chez une personne en particulier. Quasiment aucune étude n'existe sur les effets à long terme de ce cocktail chimique dans notre sang. De plus, le très grand nombre de variables à considérer rend la démonstration scientifique presque impossible. Les informations dont nous disposons en ce moment sont cependant suffisamment inquiétantes pour qu'il vaille la peine d'appliquer le principe de précaution.

Nous avons tout de même la preuve que plusieurs pesticides perturbent l'équilibre hormonal, pouvant provoquer des effets en cascade sur la santé des animaux comme sur celle des humains[6]. De plus en plus d'études démontrent que certains pesticides affectent non seulement les systèmes endocrinien et reproducteur, mais également le système immunitaire et, de manière plus générale, les facultés intellectuelles et le comportement[7].

Certains pesticides sont soupçonnés de contribuer à la masculinisation ou à la féminisation des êtres vivants de sexe opposé et à la baisse de fécondité[8]. D'autres peuvent causer des lésions thyroïdiennes et hypophysaires, et affaiblir le système immunitaire. Ils peuvent aussi affecter l'humeur en « mimiquant » certaines hormones produites par notre corps, et ainsi contribuer à certaines dépressions[9].

Une étude publiée en 2010 dans le magazine scientifique *Pediatric* soutient que les enfants exposés à des concentrations importantes de pesticides organophosphorés dans leur alimentation doublent leur risque de souffrir de troubles déficitaires de l'attention avec ou sans hyperactivité (TDAH)[10]. L'étude a été menée auprès de 1 139 enfants de 8 à 15 ans. Selon l'Académie américaine des sciences, la principale source d'exposition des enfants aux pesticides est l'alimentation. Elle peut donc être en grande partie évitée en optant pour une alimentation biologique, comme le démontre à son tour une étude publiée dans l'*Environmental Health Perspective*[11].

Ainsi, durant une année, des chercheurs ont mesuré les résidus de pesticides organophosphorés présents dans l'urine d'enfants américains âgés de 3 à 11 ans. Lorsque les enfants étaient nourris avec des aliments conventionnels, des résidus de pesticides étaient « détectables » dans 91 % des échantillons d'urine. Cinq jours après que ces enfants sont passés à une alimentation principalement biologique, les résidus de pesticides dans leur urine s'avérait « non détectables » ou « quasi non détectables ».

La pollution est également montrée du doigt, pour dénoncer la multiplication des cancers qui touchent de plus en plus des enfants comme des adultes. L'Environmental Protection Agency reconnaît que 112 types de pesticides enregistrés aux États-Unis sont identifiés comme étant cancérigènes ou susceptibles de l'être[12]. Un nombre croissant d'études médicales et toxicologiques établissent des liens entre la présence de pesticides dans l'environnement et l'augmentation des risques de cancers du cerveau, du sein, de l'estomac, de la prostate et des testicules ainsi que de leucémie infantile.

Selon la Société canadienne du cancer, la probabilité d'être atteint d'un cancer au cours de sa vie est de 40 % pour les femmes et 45 % pour les hommes[13]. Si la tendance se maintient, les spécialistes estiment qu'une personne sur deux recevra un diagnostic de cancer au cours de sa vie[14]. Malgré l'amélioration des traitements, la mort d'un Canadien sur quatre est attribuable au cancer.

Bien que de nombreux facteurs, autres qu'environnementaux, puissent être attribuables au développement de cette maladie, certaines découvertes demeurent troublantes. Aux États-Unis, par exemple, le National Cancer Institute rapporte que les femmes atteintes d'un cancer du sein ont une quantité de résidus de pesticides organochlorés de 50 % à 60 % plus élevée dans leurs tissus que les femmes en santé[15].

À la campagne

Les ruraux sont particulièrement exposés aux pesticides s'ils vivent à proximité de lieux d'épandage puisque des résidus peuvent être présents dans l'air qu'ils respirent de même que dans l'eau qu'ils boivent. Ainsi, au Québec, la majorité des cours d'eau et des nappes phréatiques, situés en milieu agricole, sont contaminés à des niveaux variables par des résidus de pesticides ou des dérivés de fumier[16]. L'agriculture est en fait la plus importante source de pollution des milieux aquatiques au Canada[17].

De toute évidence, les agriculteurs sont particulièrement exposés aux pesticides puisqu'ils entrent en contact direct avec ces poisons. Une étude, réalisée en France, a démontré que les agriculteurs exposés à des insecticides, fongicides et herbicides avaient trois fois plus de risques d'être atteints du myélome multiple, une forme de cancer des os mieux connue sous le nom de «maladie de Kahler»[18]. Les études épidémiologiques ont tendance à démontrer que les risques d'être atteint d'un cancer des lèvres, de la prostate et du sang sont plus élevés chez les agriculteurs que dans la population dans son ensemble[20].

> **LE SAVIEZ-VOUS...**
>
> ■ L'utilisation de pesticides dans le monde est à l'origine de 3,5 à 5 millions d'intoxications graves par année, selon le Programme des Nations Unies pour l'environnement (PNUE)[19].

Une étude épidémiologique française a révélé que les vignerons courent 25 % plus de risques de mourir d'un cancer du cerveau que la population en général[21], tandis que les agriculteurs exposés à des pesticides organochlorés courent deux fois plus de risques d'être atteints de la maladie de Parkinson, d'après des chercheurs de l'Inserm et de l'Université Pierre et Marie Curie[22].

C'est donc avec raison que le métier d'agriculteur est considéré comme l'un des plus dangereux aux États-Unis[23]. En France, 20 types de cancers sont d'ailleurs reconnus comme étant des maladies professionnelles spécifiques à ceux et celles qui nous nourrissent[24].

Quand des citoyens s'engagent...

Alors âgé de 10 ans, Jean-Dominic Lévesque-René affrontait une double bataille. La première, pour sa survie, alors qu'il luttait contre le lymphome non hodgkinien, et la seconde, contre l'utilisation des pesticides chimiques, qu'il tenait pour responsables de son cancer.

Il faut dire que Jean-Dominic était loin d'être le seul enfant malade de l'Île-Bizard. En effet, en 1998, une étude de l'Hôpital Sainte-Justine révélait que le taux de cancer chez les enfants y était quatre fois plus élevé que la moyenne québécoise[25]. Pourquoi ?

Pour Jean-Dominic, la réponse était claire. Trois terrains de golf occupaient la moitié du territoire de la municipalité. Typiquement nord-américains, de nombreux citoyens souhaitaient eux aussi avoir une pelouse aux allures synthétiques. Les pesticides étaient donc partout dans cette banlieue de l'ouest de Montréal. Grâce à la mobilisation citoyenne pour exiger une réglementation plus sévère, cette situation a cependant changé.

Des municipalités se sont également battues afin d'obtenir le droit d'interdire l'utilisation de pesticides sur leur territoire. La ville d'Hudson, en banlieue de Montréal, s'est rendue jusqu'à la Cour suprême du Canada pour faire reconnaître le droit des municipalités à interdire l'utilisation de ces poisons[26].

Ce combat a été amorcé par le questionnement d'une citoyenne, médecin dermatologue à Hudson. D[re] June Irwin avait établi un lien entre l'utilisation de pesticides et les maladies de la peau de certains de ses patients, notamment des enfants. Six années durant, elle s'est rendue aux réunions du conseil municipal afin de l'informer du problème et de

LE SAVIEZ-VOUS...

■ Les grenouilles sont considérées comme les sentinelles de l'environnement à cause de la perméabilité de leur peau. Depuis quelques années, les scientifiques font remarquer qu'elles sont de moins en moins nombreuses dans les régions où se pratique une agriculture intensive. Un fort pourcentage de celles qui y survivent sont malades ou souffrent de malformations : grenouilles à six pattes, œil manquant, etc.[27]. Les recherches du professeur Tyrone Hayes de l'Université Berkeley ont d'ailleurs démontrées que l'atrazine, un herbicide très utilisé dans les champs de maïs, a le potentiel d'affecter radicalement la sexualité des grenouilles, transformant des mâles en femelles[28].

faire entendre sa cause, jusqu'à ce que le conseil se mobilise à son tour et contribue à faire changer la loi.

Ces petites histoires démontrent bien que la mobilisation citoyenne peut mener à de grands changements, par l'effet « boule de neige ». Ainsi, à force de sensibilisation et de pressions politiques, la Coalition pour des alternatives aux pesticides (CAP) est parvenue à faire adopter de nouvelles réglementations à l'échelle du Québec. À partir de 2003, le *Code de gestion des pesticides* a forcé une réduction de l'utilisation de pesticides dans les espaces publics verts, notamment les parcs, les cours d'école et les centres de la petite enfance[29]. La vente commerciale ainsi que l'usage sur les terrains privés et les golfs y sont maintenant restreints et les pires produits sont interdits. La province de l'Ontario a elle aussi modifié sa réglementation en s'inspirant de ce qui se fait au Québec.

Rien ne doit cependant être tenu pour acquis et la vigilance est de mise puisque les pressions de l'industrie chimique sont fortes. Ainsi, en août 2008, la compagnie Dow AgroSciences faisait connaître son intention de contester l'application du *Code de gestion des pesticides* du Québec en vertu du chapitre 11 de l'ALÉNA[30]. Cette multinationale américaine considère que la réglementation qui interdit l'utilisation de son herbicide 2,4-D contrevient à ses droits commerciaux. Apprenant la nouvelle, Équiterre et la Fondation David Suzuki ont mobilisé une quarantaine d'organismes et d'institutions de la société civile afin de faire front commun pour exiger du gouvernement fédéral la défense rigoureuse de cette réglementation québécoise. Bien qu'un certain nombre de procédures juridiques aient été entamées, Dow AgroSciences n'a heureusement pas poursuivi ses démarches à ce jour.

Des pesticides dans nos assiettes ?

L'Agence canadienne d'inspection des aliments (ACIA) analyse régulièrement des échantillons de fruits et de légumes afin de vérifier que les résidus de pesticides qu'ils contiennent n'excèdent pas les « normes canadiennes acceptées ». Les ressources étant limitées, moins de 1 % des fruits et légumes importés subissent les tests de dépistage et, sur ces échantillons, un nombre tout de même inquiétant contient des résidus[31]. Quant aux fruits et aux légumes cultivés au Canada, une étude gouvernementale obtenue par le *Globe and Mail* grâce à la loi d'accès à l'information révèle que le taux de pesticides résiduels décelé dans les fruits et les légumes a plus que doublé entre 1994 et 1998.

Devoir brandir la loi d'accès à l'information pour connaître le contenu en résidus de pesticides des aliments vendus dans nos épiceries est tout à fait inacceptable dans une société démocratique. D'autant plus que ces analyses sont effectuées grâce aux taxes et aux impôts que nous payons. Il faut aussi savoir que les normes canadiennes sont moins sévères que celles qui prévalent non seulement en Europe, mais également aux États-Unis et en Australie[32]. Nous tolérons donc une plus grande présence de ces substances dans nos aliments et une plus grande opacité de la part des agences gouvernementales.

Ce genre d'information est beaucoup plus accessible dans d'autres pays, en dépit de résultats parfois tout aussi inquiétants. En France, par exemple, une étude réalisée par la Direction générale de la concurrence, de la consommation et de la répression des fraudes (DGCCRF) révélait que, sur 3 500 échantillons de fruits et de légumes prélevés sur les étalages français, 6 % présentaient des teneurs en pesticides dépassant la limite maximale de résidus[33]. Au moins un type de résidus de pesticides a pu être détecté dans 44 % des échantillons prélevés.

Il y a quelques années, le magazine *Protégez-vous* publiait les résultats de son propre test effectué sur des poivrons, des céleris, des pommes, des oranges, des pêches, des poires, des laitues et des fraises, tous achetés à l'épicerie. Résultats : 35 %, donc plus du tiers des échantillons analysés, contenaient des résidus de pesticides. De ce pourcentage, 13 % contenaient des résidus de pesticides dangereux et 4 % contenaient des résidus multiples. Dans l'ensemble, 3 % de ces échantillons dépassaient les normes établies par Santé Canada.

Le hic est que ces normes sont jugées désuètes par de nombreux spécialistes de la santé, notamment l'Institut canadien de la santé infantile (ICSI) et le Comité de la santé de l'environnement du Collège des médecins de famille de l'Ontario. Ils critiquent le fait que les pesticides soient évalués individuellement, alors qu'ils se présentent sous forme de cocktail dans l'environnement et dans notre corps[34]. La réglementation ne tient pas compte non plus des effets cumulatifs des résidus pouvant provenir d'une diversité d'aliments, ni de la plus grande vulnérabilité des enfants et des personnes à la santé fragile.

Attention aux enfants !

Les normes jugées acceptables sont principalement établies en fonction des effets potentiels sur la santé d'un adulte moyen[35]. Or, les femmes enceintes, celles qui allaitent, les bébés et les enfants sont particulièrement vulnérables à la présence de poisons, ne serait-ce qu'en infime quantité.

Parce qu'ils sont en croissance, les bébés et les enfants mangent beaucoup plus d'aliments que les adultes, proportionnellement à leur poids. Ils absorbent par conséquent plus de résidus de pesticides[36]. De la naissance à six mois, le poids d'un bébé double, et il aura triplé en un an. Relativement à sa taille, un bambin d'une année mange quatre fois plus de pommes et de poires qu'un adulte[37]. À cause de l'immaturité de son système immunitaire et de l'ensemble de son organisme, le corps de l'enfant est mal protégé contre les poisons.

Les personnes en moins bonne santé, telles qu'un bon nombre de personnes âgées, les travailleurs qui manipulent les pesticides et les habitants des régions où s'accumulent les polluants courent eux aussi plus de risques d'être affectés par la présence de pesticides chimiques dans leur alimentation et leur environnement.

Cela dit, malgré la présence de résidus de pesticides dans les fruits et les légumes conventionnels, les diététistes nutritionnistes recommandent que les gens continuent à en consommer. Selon eux, les bénéfices sur la santé surpassent de

loin le risque de contamination aux pesticides. Ces spécialistes rappellent que les
fruits et les légumes frais sont une source
essentielle de vitamines, de minéraux et de
fibres. Choisir des fruits et des légumes
biologiques est donc un moyen de maximiser ses « choix santé » puisque ces aliments sont cultivés sans pesticides.

LE SAVIEZ-VOUS...

■ Entre 20 et 40 % des
fruits et des légumes
cultivés en Grande-
Bretagne n'atteindront
jamais l'épicerie, parce
qu'ils ne répondent pas
aux critères, principale-
ment esthétiques, du
marché[38].

Des fruits et des légumes parfaits

Vous êtes-vous déjà demandé pourquoi les fruits et les légumes
que nous retrouvons dans les supermarchés sont si « par-
faits », si identiques les uns aux autres ?

En fait, nos aliments sont cultivés et sélectionnés pour
avoir le *look* du marché. Nos désirs esthétiques font en
sorte que des tonnes de pesticides supplémentaires sont
appliquées chaque année et que des masses de nourriture sont
jetées. Dans le cas des fraises, par exemple, on estime que

plus de 20 % de la production
québécoise est éliminée à cause
de défauts externes, tels qu'une
grosseur non adéquate ou une
difformité[39]. Quant aux carottes,
certaines années, jusqu'à 50 %
serviraient à nourrir des animaux
plutôt que des gens pour de simples raisons d'apparence[40].

LA DÉGRADATION DES TERRES

En plus de favoriser la prolifération des plantes et des insectes
nuisibles, la monoculture appauvrit les sols. En cultivant
chaque année le même type de plantes au même endroit, on
extirpe de la terre les mêmes nutriments sans lui accorder le
temps de se reconstituer. Pour maintenir artificiellement la
productivité des sols, des engrais sont donc appliqués en

grande quantité. Comme dans le cas des pesticides, le ruissellement transporte les fertilisants dans les cours d'eau. Le lessivage fait de même, charriant les contaminants solubles jusque dans les nappes phréatiques.

D'après une étude du ministère de l'Agriculture, des Pêcheries et de l'Alimentation du Québec (MAPAQ), 90 % des terres sous culture intensive de plantes annuelles, comme le maïs, le blé et autres céréales, connaissent des problèmes de dégradation[43]. Ceux-ci peuvent être caractérisés par la détérioration de la structure du sol, la surfertilisation, la diminution des matières organiques, le compactage, l'acidification des sols et, ultimement, l'érosion.

> **LE SAVIEZ-VOUS...**
> ■ Globalement, la productivité agricole est en déclin dans plusieurs pays[41]. Selon les données de la FAO, le passage d'une agriculture de subsistance à une agriculture biologique pourrait augmenter les rendements jusqu'à 180 %[42].

L'érosion, c'est le début de la désertification. La vie dans le sol qui se meurt. La terre est emportée par le vent ou par l'eau parce qu'il n'y a plus rien pour la retenir, plus de racines et de micro-organismes pour la maintenir en place. La couche arable, riche en minéraux et en matières organiques, s'évacue d'abord. Bien que la terre puisse se régénérer d'elle-même, le taux d'érosion des sols agricoles chaque année à travers le monde est de 18 à 100 fois plus élevé que la capacité de la terre à les renouveler[44]. Il faut en effet 500 ans pour constituer 2,5 centimètres de couche arable. À l'échelle de la planète, nous perdons chaque année 75 milliards de tonnes de terre, l'équivalent de 13 tonnes par habitant[45].

Quand trop, c'est trop

Bien que le fumier soit un engrais naturel formidable pour enrichir le sol de manière naturelle, en trop grande concentration, il se transforme en polluant.

Au Québec, la surfertilisation des terres agricoles est un problème environnemental majeur[46]. L'industrie agricole engendre plus de fumiers que la terre ne parvient à en absorber[47]. La production porcine intensive est au cœur de cette problématique. Le lisier de porc s'avère riche en azote, en phosphore et en micro-organismes pathogènes[48].

Avec la pluie, il ruisselle dans les cours d'eau et finit par s'infiltrer dans la terre, atteignant même les nappes phréatiques, soit nos réserves d'eau potable. C'est ce que l'on appelle la « pollution diffuse ».

Cette dernière peut engendrer de véritables catastrophes humaines, comme ce fut le cas dans la petite ville ontarienne de Walkerton en 2000. La bactérie E. coli avait contaminé les eaux municipales après que de fortes pluies eurent drainé des matières organiques, dont des fumiers, dans des réservoirs où s'approvisionnait la ville. Sept personnes sont mortes et 2 300 ont été malades, certaines gravement[49].

Le lessivage des engrais peut aussi contribuer à la contamination de l'eau par les nitrates et le phosphore, un problème auquel font face de nombreux citoyens en milieu agricole, selon une étude du ministère de la Santé et des Services sociaux du Québec (MSSSQ)[50]. Les nitrates peuvent être la source de divers problèmes de santé. On sait notamment qu'ils nuisent au transport de l'oxygène dans le sang. Des études réalisées sur des animaux associent les nitrates au développement de cancers, principalement celui de l'estomac[51]. Les nitrates sont également soupçonnés d'affecter le système reproducteur et le développement fœtal[52].

Quant au phosphore, sa présence dans les cours d'eau provoque une surproduction d'algues ou de bactéries qui étouffent toute autre forme de vie[53]. C'est ce qu'on appelle l'« eutrophisation ». Les algues prennent d'assaut l'écosystème, empêchant la survie d'autres espèces animales et végétales. Les fameuses algues bleues (cyanobactéries) qui prolifèrent dans de nombreux cours d'eau au Québec et qui font la une des médias chaque été illustrent bien ce phénomène inquiétant pour la santé et l'environnement[54].

Des alternatives

Les élevages de porcs sur litière sont moins dommageables pour l'environnement que la pratique conventionnelle selon laquelle le fumier est dilué dans de grandes quantités d'eau. En mélangeant plutôt le fumier à des copeaux de bois ou à de la paille, par exemple, on favorise le compostage. Étant moins liquide, cet engrais est mieux absorbé par le sol.

Les producteurs de porc conventionnels sont souvent réticents à cette pratique, principalement parce qu'elle coûte plus cher en temps comme en ressources. Ce calcul serait sans doute différent si les coûts de dépollution étaient payés par les pollueurs – du producteur au consommateur – plutôt que par la société dans son ensemble.

DES USINES À ANIMAUX

Lorsque la majorité des fermes pratiquaient une agriculture diversifiée, la production de viande ne causait pas de problème écologique en soi parce qu'elle se faisait à petite échelle pour une population relativement petite comparée à celle d'aujourd'hui. Un équilibre existait alors entre ce qui était produit et ce qui retournait à la terre. Les animaux se nourrissaient généralement de ce que les humains ne mangeaient pas, puis étaient abattus pour être mangés à leur tour. De rigoureuses rotations des cultures étaient alors pratiquées. Précieusement conservé, le fumier engraissait la terre ; la ferme formait un écosystème équilibré où les animaux grandissaient à un rythme naturel. La réalité actuelle, dans les fermes conventionnelles, est tout autre.

Au Québec, une porcherie de taille moyenne compte environ 200 truies et 1 500 porcs d'engraissement[56]. Une ferme dite familiale peut produire jusqu'à 15 000 porcs par année. L'intensification et la concentration de la production sont au cœur du problème. De nombreuses fermes se sont transformées en usines. Des centaines d'animaux sont entassés

> **LE SAVIEZ-VOUS…**
>
> ■ Plus de la moitié des cochons engraissés au Québec est exportée, principalement aux États-Unis et au Japon[55].

à l'intérieur, dans des espaces restreints où ils sont alimentés de manière à maximiser les rendements. On oublie qu'il s'agit d'êtres vivants, de mammifères qui partagent bien des similarités avec les humains. Certaines crises semblent vouloir nous le rappeler.

Ainsi, le développement de maladies transmissibles aux humains, comme l'encéphalopathie spongiforme bovine («la vache folle»), n'est pas étranger aux traitements que l'on accorde aux animaux d'élevage. Avant la crise de la vache folle en Grande-Bretagne en 1997, les bovins – des ruminants – étaient nourris avec des farines animales afin d'accélérer leur croissance. On transformait ainsi des herbivores en omnivores. Cette pratique est depuis lors interdite au Canada et dans plusieurs autres pays, mais le problème n'est globalement pas résolu.

Pensons aussi au fameux virus de la grippe H1N1 qui, en 2009 et 2010, a fait les manchettes à travers le monde. Des centaines de millions de dollars ont été dépensés pour la vaccination, les autorités sanitaires craignant une mutation du virus qui en aurait augmenté la dangerosité. Dans le brouhaha médiatique, il a été largement question de la maladie et des vaccins, mais relativement peu de l'origine plausible du virus : une méga-porcherie située dans l'État de Veracruz au Mexique appartenant à la multinationale américaine Smithfield Foods[57]. Selon les experts, les conditions de promiscuité qui prévalent dans ce genre d'élevages industriels sont tout à fait propices à la prolifération de ces maladies[58].

Porcherie industrielle vue du sommet du Mont Saint-Grégoire en Montérégie.
(© Esperamos)

UN SOUPÇON D'ANTIBIOTIQUES DANS VOTRE POULET ?

Afin de prévenir les maladies et d'accélérer la croissance des animaux, des antibiotiques sont systématiquement ajoutés à la moulée dans de nombreux élevages[59]. Plus précisément, ces médicaments stimulent l'appétit et servent à prévenir la propagation d'épidémies propres à la promiscuité dans les élevages intensifs[60]. Les aviculteurs qui désirent faire croître leurs poulets sans antibiotiques doivent d'ailleurs réduire le nombre d'animaux de 25 à 30 % par unité de surface[61]. Ces derniers acceptent de produire moins, mais mieux.

Au Canada, la viande destinée à la consommation humaine est inspectée afin de vérifier qu'elle ne contient pas de résidus d'hormones et d'antibiotiques en quantités supérieures aux normes établies par Santé Canada. Une dose donnée est donc jugée acceptable. Au mois de mai 2001, le magazine *Québec Science* rapportait une forte diminution du nombre d'inspections depuis 1997. Celles-ci sont passées de 104 000 à 39 000, alors que le nombre d'animaux abattus dépasse maintenant les 651 millions. En 2008, Radio-Canada révélait que la viande destinée au marché intérieur canadien ne faisait pas l'objet d'autant d'inspections que celle exportée aux États-Unis[62].

Des antibiotiques de croissance et des hormones communément utilisés en Amérique du Nord sont interdits en Europe[63]. Des scientifiques européens ont d'ailleurs demandé à l'Union européenne (UE) d'empêcher les importations de viande canadienne jusqu'à ce que le pays se conforme à la législation européenne en matière sanitaire. Ils soutiennent que des quantités non négligeables d'hormones, d'antibiotiques, de perturbateurs endocriniens et d'autres produits agroalimentaires cancérigènes se retrouvent dans la viande canadienne.

Les effets à long terme de la présence de résidus d'antibiotiques et d'hormones dans

LE SAVIEZ-VOUS...

■ L'espérance de vie d'un poulet dans une ferme industrielle est de 40 à 45 jours, alors que dans une ferme traditionnelle, au moins 90 jours sont nécessaires avant que l'animal soit assez mature pour être conduit à l'abattoir[64].

l'alimentation demeurent peu connus, mais ils sont préoccupants. La Food and Drug Administration (FDA) des États-Unis considère d'ailleurs que l'utilisation de ces produits en agriculture « constitue une sérieuse menace pour la santé humaine[65] ». Les scientifiques remarquent une augmentation inquiétante de la résistance de certaines maladies aux antibiotiques. Ils notent également une puberté de plus en plus précoce chez les jeunes[66].

DE LA SÉLECTION GÉNÉTIQUE AU TRANSGÉNIQUE

Si vous avez étudié la biologie, vous savez que notre héritage génétique (les caractéristiques que l'on reçoit de nos parents) vient d'une molécule chimique qui détermine la fonction de nos cellules : l'acide désoxyribonucléique, ou l'ADN. Les gènes présents dans l'ADN contrôlent la production de protéines et déterminent, par exemple, la couleur de nos cheveux ou notre taille. L'ADN existe dans toutes les formes de vie sur Terre, tant chez le chat et le pissenlit que chez l'humain ou les bactéries.

Dès les débuts de l'agriculture, les humains ont sélectionné des plantes et des animaux en fonction de caractéristiques qui leur plaisaient. Ils pouvaient, par exemple, choisir les plus gros grains de blé pour les semer le printemps suivant. En répétant cette opération récolte après récolte, les agriculteurs en sont venus à développer des variétés de blé qui offraient des grains beaucoup plus gros que les semences initiales ou qui répondaient à d'autres caractéristiques selon ce qui avait été sélectionné. Ils ont fait de même avec une multitude d'espèces animales et végétales que nous consommons aujourd'hui.

Puis, on a procédé aux croisements et à l'hybridation entre variétés de plantes d'une même famille. En fécondant par exemple du seigle avec du pollen de blé, on a créé le triticale ; cette céréale combine la haute teneur en protéines du blé et la richesse en lysine du seigle. Plusieurs variétés de plantes ont ainsi été développées de manière naturelle.

Un peu d'animal dans mes céréales

La situation est tout autre lorsqu'il est question des organismes génétiquement modifiés : les OGM. Les scientifiques peuvent maintenant transférer un gène spécifique à l'ADN d'un être vivant à une autre espèce. C'est ce que l'on appelle la transgénèse, car il y a transgression des frontières naturelles des espèces[67]. Ainsi, contrairement à ce que prétend l'industrie, cette technologie se distingue clairement de la simple sélection des espèces ou du croisement que les agriculteurs pratiquent depuis des millénaires.

En laboratoire, des scientifiques peuvent, par exemple, prendre le gène d'une bactérie naturellement résistante à un insecte et l'introduire dans une plante. C'est ce qu'ils ont fait en créant le maïs Bt. Ces cultures deviennent ainsi moins sensibles à certains insectes puisqu'elles produisent leur propre toxine insecticide.

D'autres plantes, au contraire, sont modifiées génétiquement afin de résister à un herbicide en particulier. C'est le cas des semences *Roundup Ready* de Monsanto qui constituent environ 70 % des OGM actuellement en culture. Ces semences de soya, de maïs, de canola et de coton sont résistantes à l'herbicide *Roundup*, le glyphosate, fabriqué par... Monsanto. Ainsi, les agriculteurs qui les choisissent n'ont nul autre choix que de se procurer ce pesticide en plus des semences de la multinationale. Ils peuvent alors en appliquer en grande quantité sans risquer d'endommager leurs cultures qui, elles, sont génétiquement protégées contre le poison. Ce qui n'est pas le cas de tous les autres végétaux qui meurent sous l'effet de ce produit chimique.

Sauver la planète grâce aux OGM ?

L'industrie transgénique présente les OGM comme la solution aux problèmes agricoles de notre époque. Elle soutient que les semences transgéniques permettront de réduire l'utilisation de pesticides et ainsi contribueront à la sauvegarde de l'environnement. Les résultats obtenus jusqu'à présent démontrent le contraire[68].

Comme c'est le cas avec d'autres pesticides, les mauvaises herbes ou les insectes nuisibles finissent par s'adapter et par résister aux technologies transgéniques comme le *Roundup Ready*. Il se développe ce que les cultivateurs américains appellent les « super mauvaises herbes[69] ». Elles sont plus résistantes que les mauvaises herbes traditionnelles et nécessitent des cocktails chimiques encore plus toxiques pour en venir à bout.

Un des plus grands risques écologiques est la prolifération des OGM dans la nature, ce que l'on appelle la pollution génétique. Des études indépendantes démontrent que les échanges de pollens entre OGM et plantes cultivées ou sauvages sont fréquents[70]. Des traces de maïs transgénique ont, par exemple, été détectées dans des variétés de maïs indigènes dans l'État de Oaxaca au Mexique, lieu d'origine de cette céréale[71]. La culture transgénique y est pourtant interdite depuis 1998[72]. Une autre étude, celle-ci de l'Université Cornell, a démontré que le pollen du maïs Bt pouvait tuer les papillons monarques et d'autres insectes bénéfiques[73].

Des risques pour notre santé ?

On connaît encore très peu les impacts à long terme des aliments génétiquement modifiés sur la santé humaine. Et il est très difficile d'avoir l'heure juste, car les études sur le sujet sont très largement menées par l'industrie elle-même qui n'est, de plus, pas tenue de rendre les résultats publics[74]. Par ailleurs, ces études sont faites sur de courtes périodes de temps, ce qui ne permet pas de prouver que les OGM sont sans danger pour la santé.

LE SAVIEZ-VOUS ?

■ 90 % des Québécois sont en faveur de l'étiquetage obligatoire des aliments contenant des OGM[75].

■ La culture d'OGM est concentrée dans quelques pays : États-Unis (53 %), Argentine (18 %), Brésil (6 %), Canada (6 %), Inde (4 %) et Chine (3 %)[76].

Les risques potentiels pour la santé et l'environnement ont mené plusieurs centaines de scientifiques de tous les continents à demander un moratoire sur l'utilisation du génie génétique dans le secteur agroalimentaire[77]. Au Canada, l'Ontario Public Health Association (OPHA), qui regroupe des représentants de divers services de santé publique régionaux, de même que la Société royale du Canada ont, toutes les deux, appelé les gouvernements à la prudence[78]. Il en va de même des recommandations du Conseil de la science et de la technologie (CST) et de l'Institut national de santé publique du Québec (INSPQ)[79]. Ils soutiennent tous que davantage de recherches indépendantes sont nécessaires.

Savoir ce que l'on mange

La promotion des aliments génétiquement modifiés s'accompagne d'un lobbying intense de la part des multinationales auprès des dirigeants politiques, des médias, de certains ordres professionnels et des consommateurs. Le pouvoir de cette industrie contribue à expliquer que, au Canada, comme dans la majorité des pays du monde, les aliments issus du génie génétique ne sont pas sujets à des évaluations strictes et indépendantes. Et à moins d'acheter des aliments certifiés biologiques, il est difficile de savoir si le dernier aliment à base de maïs, de soya ou de colza que vous avez mangé était issu ou non d'une agriculture transgénique.

Pour l'instant, Santé Canada et l'Agence canadienne d'inspection des aliments (ACIA) ne considèrent pas les aliments génétiquement modifiés comme différents des autres. Pour ces organismes gouvernementaux, une patate est une patate, qu'elle soit génétiquement modifiée ou non, pour autant que sa valeur nutritive ne soit pas altérée. Pour cette raison, ils n'effectuent pas de test sur ces aliments et se fient aux résultats des études transmises par les entreprises qui vendent les OGM[80].

Le maïs, le canola, la pomme de terre, la tomate, la courge, le soya, le lin, l'huile de coton et la betterave sucrière transgéniques sont autant d'aliments dont les effets à long terme sur l'environnement et la santé humaine demeurent méconnus. Pourtant, le maïs, le canola et le soya entrent comme ingrédients ou dérivés (huile, fructose, amidon, etc.) dans la composition de nombreux aliments transformés; on estime qu'environ 70 % des aliments transformés contiennent des ingrédients issus de cultures transgéniques[83]. Quant aux fruits et aux

> **LE SAVIEZ-VOUS...**
>
> ■ Santé Canada a déjà approuvé 51 types de modifications génétiques sur des plantes destinées à la consommation au Canada[81].
>
> ■ En 2010, plus de 70 % du maïs cultivé au Québec était transgénique[82].

légumes frais, il n'existe qu'un fruit frais transgénique en vente au pays: la papaye en provenance des États-Unis.

Et si le Québec était en Europe!

Par mesure de précaution, l'Union européenne (UE) réglemente la culture et la mise en marché des OGM beaucoup plus sévèrement que le Canada et les États-Unis. Actuellement, deux OGM seulement peuvent être cultivés dans les pays de l'UE: le maïs MON810 de Monsanto et la pomme de terre Amflora de la multinationale allemande BASF[84]. En décembre 2010, une pétition d'un million de signatures a été remise à la Commission européenne, exigeant l'interdiction de la culture d'organismes génétiquement modifiés tant que de nouvelles études sur leur impact, indépendantes de l'industrie, n'auront été réalisées[85].

Quant à l'étiquetage des OGM, il est non seulement obligatoire au sein de l'UE mais également dans une quarantaine d'autres pays. Lors de la campagne électorale québécoise de 2003, le Parti libéral promettait d'en faire autant au Québec. Huit ans plus tard, au moment d'écrire ces lignes, toujours rien en vue. Si les OGM sont si sécuritaires, pourquoi ne sont-ils pas étiquetés?

Ce n'est pas la première fois qu'un discours dominant affirme qu'une découverte scientifique est bénéfique pour l'humanité alors qu'elle s'avère par la suite catastrophique[86].

Ainsi, il a fallu plusieurs dizaines d'années avant que l'on ne s'aperçoive que le DDT est un polluant organique persistant extrêmement dangereux. Aujourd'hui, il est interdit d'utilisation dans les pays du Nord, mais cause encore des problèmes partout sur la planète. Que dire aussi de tout le débat qui a animé la communauté scientifique durant des années à propos des liens de causalité entre le tabagisme et de nombreuses maladies? De même pour l'amiante. Malgré les premières mises en garde de la communauté scientifique datant pourtant de 1898, ce minéral – rigoureusement banni en Europe à cause de ses caractéristiques cancérigènes – est toujours exporté par le Québec dans de nombreux pays en développement. Lorsque leurs profits sont en jeu, les acteurs économiques exercent une forte influence sur les pouvoirs publics.

LA BIODIVERSITÉ SOUS LE COUTEAU

Si les OGM constituent une menace pour la biodiversité, il ne s'agit malheureusement pas de la seule, loin s'en faut. Force est de constater que les humains occupent beaucoup de place sur la Terre, à tel point qu'il est possible d'apercevoir certaines interventions humaines depuis la Lune. En quelques générations, la population mondiale a explosé, de même que les habitudes de consommation des pays riches, mettant ainsi de plus en plus de pressions sur les ressources. L'agriculture, la foresterie, l'extraction minière, la production d'énergie, l'urbanisation, le transport et le tourisme à grande échelle ont largement participé à la destruction de l'habitat d'autres espèces. Les changements climatiques, la pollution et la

LE SAVIEZ-VOUS...

■ 85 % de l'alimentation humaine dépend de 15 espèces animales et végétales. On considère pourtant que plus de 10 000 espèces de plantes sont comestibles, mais que moins de 2 % d'entre elles sont utilisées pour l'alimentation humaine[87]. Le riz, le maïs, le blé et la pomme de terre constituent à eux seuls 50 % des apports caloriques totaux à l'échelle de la planète[88].

surexploitation de nombreuses ressources, de même que l'introduction d'espèces exotiques et le braconnage, intensifient aussi la perte de biodiversité.

Parmi tous ces facteurs destructeurs, nos pratiques agricoles en constituent vraisemblablement l'un des plus importants. D'après l'agronome français Claude Bourguignon, environ 90 % de l'activité biologique des sols cultivés en Europe a été détruite par l'agriculture intensive[89]. On oublie que le sol est une matière vivante, abritant une grande diversité d'organismes, la plupart invisibles à l'œil nu : invertébrés, micro-organismes, bactéries, microflores, champignons, etc. Dans un mètre carré de prairie enherbée depuis au moins cinq ans, on compte plus de 260 millions de minuscules animaux, alors que dans une seule poignée de terre plus de 10 000 espèces de microflore peuvent être trouvées[90]. Le sol est donc un véritable réservoir de vie grâce auquel toutes les espèces terrestres peuvent exister. Cette grande biodiversité peut être préservée en utilisant des techniques agricoles écologiques.

Ainsi, on pourrait comparer la biodiversité à un jeu de domino aux interactions extrêmement complexes. Chaque espèce est reliée à plusieurs autres ; et aucune ne survit en vase clos. La pureté de l'air que nous respirons, celle de l'eau que nous buvons de même que l'équilibre des sols qui nous nourrissent sont le résultat d'interactions multiples entre des arbres, des plantes, des insectes, des animaux, des champignons, des micro-organismes et des bactéries de toutes sortes, tous interreliés d'une manière ou d'une autre.

Quand l'abeille se meurt...

Les insectes pollinisateurs jouent un rôle fondamental dans le processus de reproduction des plantes. Environ les deux tiers des végétaux qui nourrissent la planète dépendent de la capacité de ces insectes à transporter le pollen d'une fleur à l'autre ou à le faire passer des anthères jusqu'aux stigmates des fleurs[91].

L'abeille est l'insecte qui fait sans doute le mieux l'amour aux fleurs. Régulièrement qualifiée de sentinelle de l'environnement, voilà qu'elle se meurt[92]. Depuis quelques années, les apiculteurs et les scientifiques constatent un déclin alarmant de leurs populations dans plusieurs pays[93]. Même si les chercheurs ne s'entendent pas sur une cause unique, il semble qu'une combinaison de facteurs environnementaux soit au cœur du problème[94]. Des agents chimiques, particulièrement des pesticides neurotoxiques, semblent affecter la capacité d'orientation des abeilles, et les empêcheraient de regagner leur ruche. Ces produits affaiblissent également leur système immunitaire, rendant les ruches plus vulnérables aux champignons, bactéries, virus et parasites, tuant leurs habitantes. Les monocultures, entraînant l'appauvrissement de la diversité des variétés de fleurs que les bouteilles butinent, nuiraient également à leur santé. Devant le danger de disparition des abeilles, et sans aucun doute de celle de nombreux autres insectes jouant un rôle important dans le maintien de la biodiversité, il devient urgent d'en tirer des leçons et d'agir.

Plus globalement, bien qu'il soit naturel que certaines espèces connaissent des baisses de population, voire disparaissent, et que de nouvelles apparaissent, les perturbations actuelles sont telles que le renouvellement ne parvient pas à se faire. Sur les 47 677 espèces répertoriées par la communauté scientifique, 36 % sont menacées d'extinction selon l'Union internationale pour la conservation de la nature (UICN)[95]. C'est plus d'une espèce sur trois. La situation est tellement alarmante que les scientifiques parlent d'une sixième crise d'extinction des espèces, la dernière ayant mené à la disparition des dinosaures, voilà 65 000 millions d'années[96].

De grands spécialistes estiment cependant que cette crise peut être contrée, à condition de prendre des mesures draconiennes rapidement[97]. Car si les comportements humains sont largement responsables de cette perte de biodiversité, leur transformation se trouve aussi au cœur des solutions.

Dans nos eaux

L'effritement de la biodiversité atteint aussi les milieux aquatiques. Alors que les poissons et les fruits de mer abondent dans nos assiettes, ils se font de plus en plus rares à l'état sauvage[98]. Et ceux qui demeurent ont la vie dure.

En effet, à en croire les biologistes marins, le fond des mers ressemble à une véritable zone sinistrée à bien des endroits. À l'abri du regard de la majorité d'entre nous, des écosystèmes couvrant des centaines de kilomètres marins sont ravagés par l'activité humaine. La pêche industrielle et les déversements toxiques sont les principales causes de ces désastres que viennent amplifier la pollution agricole et industrielle, l'exploitation gazière et pétrolière ainsi que les changements climatiques. Les comportements humains affectent la vie des cours d'eau comme celle des océans, qui recouvrent 71 % de la surface terrestre.

La surpêche et la malpêche

Le bilan est clair : il se pêche plus de poissons et de fruits de mer que la nature n'en génère. En 2007, l'Organisation des Nations Unies pour l'alimentation et l'agriculture (FAO) estimait que 52 % des réserves de poissons et de fruits de mer étaient complètement exploitées, 19 % surexploitées et 8 % épuisées[99]. Des chercheurs de l'Université Dalhousie rapportent quant à eux que, depuis le début de la pêche industrielle, les océans ont perdu 90 % des poissons prédateurs comme le

---

LE SAVIEZ-VOUS...

■ Plusieurs types de polluants s'accumulent dans la chair des poissons, surtout celle des prédateurs de grande taille. Le thon, l'espadon et le requin, par exemple, peuvent contenir des concentrations importantes de mercure et d'autres toxiques[100]. Santé Canada recommande aux femmes enceintes ou en âge de procréer de même qu'aux enfants de moins de 12 ans de limiter à un repas par mois la consommation de ces poissons.

■ Un habitant des pays riches consomme en moyenne trois fois plus de poisson qu'une personne vivant dans les pays en développement[101].

thon et l'espadon[102]. Cette situation est nouvelle dans l'histoire de l'humanité; on a longtemps cru que les mers étaient inépuisables.

Depuis les années 1970, de nouvelles techniques de pêche ont contribué à augmenter les prises. Équipés de technologies permettant de localiser rapidement les bancs de poissons, des bateaux-usines se sont mis à sillonner les mers et à les siphonner[104]. À leur bord, des employés fréquemment sous-payés trient, préparent et emballent des centaines de milliers de poissons. Bien que ces usines flottantes soient maintenant interdites dans les eaux canadiennes et dans plusieurs pays, elles voguent encore sur les mers du monde, là où la réglementation internationale ne suffit pas à empêcher le carnage. Un grand nombre de ces navires battent pavillons de complaisance, c'est-à-dire qu'ils sont immatriculés dans des pays qui imposent peu de contraintes règlementaires, pour ne pas dire pas aucune.

Les poissons de fond tels la morue, le sébaste, le flétan, la sole et la plie sont généralement pêchés par des chalutiers. Ces bateaux disposent de filets en forme d'entonnoirs attachés à l'arrière; ils rasent le fond des mers et remontent, chargés de tout ce qui se prend dans leurs mailles. Quant à la pêche aux

> **LE SAVIEZ-VOUS...**
> ■ Pêches et Océans Canada estime que la pêche illicite, non déclarée et non réglementée compte pour environ 30 % de l'ensemble des activités de pêche menées dans le monde[103].

De grands bateaux étrangers vident les mers au large du Sénégal, ne laissant que des restes aux pêcheurs locaux. (© Esperamos)

pétoncles, aux huîtres, aux moules et autres mollusques, elle se fait souvent de manière similaire, mais à l'aide de dragues à crochets qui abîment encore davantage les fonds marins. Imaginez l'effet de ces techniques de pêche sur toutes les petites et grandes espèces dont l'habitat est détruit en quelques minutes. Ces pratiques sont non seulement désastreuses pour les écosystèmes mais aussi pour la survie des petits pêcheurs qui ne parviennent pas à concurrencer les géants.

Sur les côtes de l'Afrique de l'Ouest, de grands chalutiers européens et asiatiques s'approprient près de la moitié des poissons et des fruits de mer comestibles[105]. Après leur passage, les pêcheurs artisanaux ramassent les restes pour nourrir la population locale. Les meilleurs poissons sont ainsi exportés.

Au cri d'alarme sonné par les organisations environnementales et les biologistes marins s'ajoute celui de nombreux petits pays vivant de la pêche artisanale comme les Maldives, les îles Salomon et la Papouasie-Nouvelle-Guinée[107]. Pour des raisons d'éthique, plusieurs grands chefs et écrivains culinaires ont décidé de passer de la parole aux actes en retirant de leur menu les poissons et les fruits de mer issus de pêches non durables. Ils ont aussi appuyé la création de réserves marines afin de permettre aux écosystèmes de se reconstituer[108]. De plus en plus d'épiceries et de poissonneries ont décidé de faire pareillement, en refusant par exemple de vendre du thon rouge.

LE SAVIEZ-VOUS...

■ Durant des centaines d'années, on retrouvait la morue en abondance dans le golfe du Saint-Laurent et au large de Terre-Neuve. Aujourd'hui, le gouvernement est forcé d'en interdire la pêche, sans quoi cette espèce risque de disparaître à tout jamais[106].

L'aquaculture

Alors, mieux vaut se rabattre sur des poissons et des fruits de mer d'élevage, direz-vous? Pas toujours, répondront les experts, car l'aquaculture intensive est une source importante de pollution et s'avère parfois des plus énergivores.

Dans le cas du saumon, par exemple, il faut de 2 à 5 kg de poissons sauvages pour obtenir 1 kg de saumons d'élevage. Des farines animales et des antibiotiques de croissance sont aussi au menu[109]. Les cages étant directement plongées dans la mer, il est fréquent que des poissons d'élevage s'échappent dans la nature et contaminent les espèces sauvages, leur transmettant non seulement leur maladie, mais aussi leur faiblesse génétique. Tout comme le fumier de porc, celui des poissons est riche en phosphore, ce qui en fait un contaminant important[111]. Voilà pourquoi le saumon d'élevage de l'Atlantique se trouve sur la « liste rouge » de Greenpeace et du SeaChoice, donc à éviter de consommer. Tout comme la crevette tropicale d'élevage, qui est responsable de la destruction de milliers d'hectares de mangroves et de milieux humides côtiers autrement riches en biodiversité[112].

> **LE SAVIEZ-VOUS...**
>
> ■ La chair des poissons provenant de l'élevage industriel peut contenir des résidus d'antibiotiques, de BPC et de pesticides[110].

Toutes les aquacultures n'ont cependant pas le même impact. Il existe des élevages plus écologiques que d'autres.

En Gaspésie, Renaud Duguay fabrique ses propres cages et pêche le homard, dans le plus grand respect de l'environnement. (© Esperamos)

Au Québec, l'aquaculture de moules se pratique dans le respect des écosystèmes. Au Canada et dans plusieurs autres pays, il existe également des piscicultures de saumons et d'autres poissons certifiés biologiques, ce qui garantit des pratiques plus respectueuses de l'environnement et exemptes de pesticides, d'OGM et d'antibiotiques. De manière générale, choisir des poissons et des fruits de mer locaux et de saison est le meilleur moyen de réduire l'impact de notre empreinte écologique, notamment parce que les normes entourant la pêche et l'aquaculture au Canada sont plus sévères que dans bien des régions du monde. C'est le cas pour la pêche aux homards, aux crabes, aux maquereaux, aux harengs, aux truites (même provenant d'élevage) et aux crevettes d'eau froide[113]. Ces dernières sont d'ailleurs certifiées par le Marine Stewardship Council (MSC), un organisme international qui cherche à faire reconnaître les pratiques les moins dommageables pour l'environnement.

« VERT » DES CHANGEMENTS ?

En réponse aux conséquences négatives de nos modes de productions alimentaires intensifs, plusieurs pays ont adopté des mesures concrètes favorisant des pratiques plus écologiques dans les champs comme dans les eaux. Depuis la fin des années 1980, la Suède a réduit sa consommation de pesticides de synthèse de 64 %, le Danemark de 59 % et les Pays-Bas de 43 %[114]. Aujourd'hui, 10 % de ses terres agricoles sont sous culture biologique[115]. L'aquaculture biologique y connaît également une forte expansion.

LE SAVIEZ-VOUS…

■ Avec la libéralisation des marchés, on retrouve dans nos épiceries de plus en plus de produits issus d'une agriculture intensive où les petits agriculteurs et les travailleurs sont sous-payés. La concurrence pousse les agriculteurs de partout dans le monde à réduire leurs coûts de production, souvent au détriment de la santé de l'environnement et de la qualité de vie des générations futures.

En Suisse, l'aide de l'État à l'agriculture est conditionnelle à des pratiques écologiques, ce que l'on appelle « l'écoconditionnalité ». Cette aide est également modulée en fonction de la taille des entreprises. Ainsi, les petites fermes familiales écologiques reçoivent plus de subventions que les grandes industries agricoles polluantes. L'Europe dans son ensemble, plus particulièrement l'Allemagne, l'Autriche et les Pays-Bas progressent sur cette voie, de même que l'Italie où plus d'un million d'hectares est sous culture bio[116]. Entre 2005 et 2008, les superficies consacrées à l'agriculture biologique au sein de l'Union européenne ont augmenté de 21 %[117].

Quant au Québec… de nombreux agriculteurs ont fait des efforts pour adopter des pratiques moins dommageables pour l'environnement. Plusieurs centaines de fermes ont, par exemple, recours à des services de dépistage de parasites afin de limiter l'application de pesticides. D'autres plantent des brise-vents autour de leurs champs et apprennent à mieux gérer les fumiers, grâce notamment au soutien de clubs-conseils. Quant au nombre de fermes certifiées biologiques, on en comptait 1 042 en 2009, mais ce chiffre tend à augmenter[118].

Des petits producteurs locaux au marché Atwater de Montréal. (© Éric St-Pierre)

En 2010, dans la foulée du rapport Pronovost, le gouvernement du Québec s'est donné pour objectif d'accroître de 20 % la superficie en culture biologique au Québec et d'augmenter de 500 d'ici à 2015 le nombre d'entreprises œuvrant dans ce secteur[119]. Cinq millions de dollars ont été ajoutés au Programme de soutien au développement de l'agriculture biologique afin de contribuer à l'atteinte de ces objectifs. Mais, pour l'instant, moins de 1 % des superficies agricoles au Québec sont sous culture biologique[120].

Quant aux plans agro-environnementaux qui viseraient à limiter les effets pervers de l'agriculture intensive, ils sont appliqués à la discrétion des agriculteurs, sans véritable contrôle public indépendant. Il faut dire que la Loi sur la protection du territoire et des activités agricoles donne préséance au « droit de produire » des agriculteurs sur le droit à un environnement sain de l'ensemble des citoyens. Du coup, dans plusieurs régions du Québec, le droit de produire s'est concrètement traduit par le « droit de polluer », particulièrement en faveur de l'industrie porcine. Cette situation a d'ailleurs été dénoncée par le barreau du Québec[121].

La course pour des rendements toujours plus élevés entre souvent en contradiction avec des pratiques agricoles écologiques et avec la qualité de vie des citoyens. Les enjeux économiques à court terme prédominent sur les coûts environnementaux et sociaux à long terme. On cherche donc à maximiser la production en la concentrant, quelles que soient les conséquences.

Pour une agriculture paysanne...

Préconisant une agriculture québécoise à dimension humaine et respectueuse des écosystèmes, de petits producteurs, transformateurs, restaurateurs et consommateurs se sont réunis au sein de l'Union paysanne.

Initié au printemps 2001 par une poignée de résistants à l'industrie porcine et à la malbouffe, ce mouvement rallie maintenant quelques milliers de personnes.

L'agriculture biologique

> « L'agriculture biologique a le potentiel d'assurer l'approvision-
> nement alimentaire global, de la même manière que l'agriculture
> conventionnelle le fait aujourd'hui, mais avec un moindre
> impact environnemental. »
>
> – Organisation des Nations Unies pour l'agriculture et
> l'alimentation (FAO), communiqué de presse, 3 mai 2007.

Les OGM, les pesticides et les engrais chimiques ne sont pas
indispensables à la production alimentaire. L'agriculture
biologique l'a prouvé en créant des écosystèmes agricoles
productifs tout en demeurant équilibrés.

Ainsi, contrairement aux croyances populaires, la plupart
des fermes biologiques n'ont pas régressé vers l'agriculture
pratiquée dans les années 1930, bien au contraire[122]. Grâce à
l'expérimentation et au partage de connaissances, des techniques novatrices à la fois productives et écologiques ont été
développées et portent leurs fruits. Aujourd'hui, comme le
démontrent de plus en plus d'études[123], la majorité des agriculteurs biologiques rapportent des rendements par hectare
presque comparables à ceux des fermes utilisant des produits
chimiques. Pour obtenir ces résultats, il faut regarder du côté
des études indépendantes, car celles provenant de chercheurs
proches de l'industrie soutiennent tout à fait le contraire[124].
Force est de constater que les entreprises agrochimiques disposent de moyens gigantesques pour faire valoir leurs intérêts, qui ne sont pas souvent ceux du public.

Est-ce dire qu'il serait possible de cultiver autant d'aliments biologiques que conventionnels sur une même superficie ? Oui, aux dires de nombreux experts, cela serait
effectivement possible, surtout une fois la période de transition terminée, afin de laisser au sol quelques années pour se
refaire une santé.

En mai 2007, la FAO a tenu une conférence internationale
sur l'agriculture biologique et la sécurité alimentaire. Dans
son rapport final, on peut lire :

Une conversion planétaire à l'agriculture biologique, sans défrichement de zones sauvages à des fins agricoles et sans utilisation d'engrais azotés, déboucherait sur une offre de produits agricoles de l'ordre de 2 640 à 4 380 kilocalories par personne et par jour. Dans les pays en développement, l'intensification durable de la production agricole par le biais de pratiques biologiques permettrait d'accroître la production de 56 %. En moyenne, le rendement des cultures biologiques est comparable à celui des cultures conventionnelles. On observe cependant une diminution effective des rendements lors du passage de modes de production à fort coefficient d'intrants à des systèmes de production biologique. À l'inverse, les rendements agricoles sont pratiquement multipliés par deux dès lors que l'on passe de systèmes de production à faible apport d'intrants à des modes de production biologique[125].

Il est donc clair que l'agriculture biologique peut grandement améliorer la productivité dans les pays où l'agriculture agrochimique ne s'est pas imposée. Cependant, sur les terres où se pratique une agriculture industrielle, quelques années de traitement biologique sont nécessaires pour que le sol se reconstitue. Ce dernier doit en quelque sorte suivre une cure de désintoxication après plusieurs années de dépendance à l'égard des produits chimiques. Puis, enrichie grâce à des méthodes de fertilisation naturelles, comme l'application de compost et la rotation des cultures, la terre retrouve la santé. Le désherbage se fait principalement de manière manuelle ou mécanique.

Des techniques et des produits naturels permettent de prévenir et de contrôler les parasites. De plus, les agriculteurs bio doivent conserver des « bandes tampons » et des haies autour de leurs champs. Celles-ci réduisent les risques de contamination des cultures biologiques par des pesticides ou

LE SAVIEZ-VOUS...

■ 65 % des aliments biologiques produits au Québec sont exportés. Pourtant, 70 % des produits biologiques consommés ici sont importés[126] !

■ La transition vers l'agriculture biologique permet de créer davantage d'emplois, de 10 à 30 %, selon la taille de la ferme et le type de culture[127].

par le pollen de plantes transgéniques potentiellement porté par le vent et l'eau[128]. Ces « bandes tampons » ont aussi l'avantage de constituer un habitat pour diverses espèces animales et végétales qui y trouvent refuge, dont les insectes pollinisateurs comme les abeilles. Toutes ces techniques permettent de prévenir l'érosion des sols, d'y faire croître une riche biodiversité, tout en assurant une productivité à long terme et en évitant la contamination des sols, de l'air et de l'eau.

Ainsi, l'agriculture biologique nécessite beaucoup de connaissances, de travail physique et de planification. Pendant des années, les agriculteurs bio ont cultivé la terre contre le courant agrochimique dominant. Bénéficiant de très peu de soutien de l'État, ils se sont débrouillés à leurs frais. Encore aujourd'hui, ils doivent assumer les coûts de certification afin de prouver qu'ils cultivent de manière écologique. Sans parler des pertes occasionnelles pouvant être provoquées par les pratiques de leurs voisins si ceux-ci ont recours aux OGM ou à des produits chimiques qui peuvent contaminer leurs champs. Pendant ce temps, l'ensemble des contribuables continuent de payer la facture environnementale de l'agriculture conventionnelle beaucoup plus subventionnée.

Jean Roussel, à la ferme Cadet Roussel : une ferme biologique et biodynamique en Montérégie. (© Éric st-Pierre)

Un peu plus cher mais payant !

Êtes-vous de ceux et celles qui pensent qu'une carotte en vaut une autre ? Détrompez-vous, car même si les produits issus de l'agriculture biologique ont parfois la même apparence que les autres, ils n'ont souvent pas le même contenu nutritionnel ni le même goût. Bon nombre de grands restaurateurs, chefs et fins gourmets privilégient d'ailleurs les ingrédients biologiques pour de simples raisons de saveur.

En termes de santé aussi, les avantages sont concrets. D'abord, parce que manger bio nous permet d'éviter les résidus de pesticides, d'hormones et d'antibiotiques dans notre assiette et dans l'environnement. Ensuite parce qu'il s'agit d'un moyen de plus pour dire non aux OGM.

> **LE SAVIEZ-VOUS...**
>
> ■ Dans la majorité des cas, les systèmes agricoles biologiques sont plus profitables que les conventionnels[129].

Plus nutritif, le bio ?

Les points de vue concernant la valeur nutritive des aliments biologiques par rapport aux aliments conventionnels divergent. Les études commandées par les tenants de l'agriculture industrielle tendent à démontrer qu'il n'y a pas ou très peu de différences entre le bio et le conventionnel, alors que les études indépendantes ou provenant d'organisations environnementales soutiennent généralement le contraire ; elles aussi, chiffres à l'appui[130]. Il est souvent difficile de savoir qui dit vrai, d'autant plus que les variables sont nombreuses. Ce débat scientifique rappelle celui qui comparait les avantages nutritionnels de l'allaitement maternel avec les préparations commerciales. Il aura fallu des années de débat avant que les spécialistes de la santé ne s'entendent sur la supériorité du lait maternel. Malgré tout, encore aujourd'hui, quelques rares scientifiques contestent cette affirmation.

Le *Journal of Alternative and Complementary Medecine* a examiné les résultats de 41 études comparant la valeur nutritive des aliments biologiques et conventionnels[131]. À en croire les résultats de cette analyse, les aliments de culture biologique contiendraient plus de vitamine C, de fer, de magnésium et de phosphore, et moins de nitrates que les aliments conventionnels. En ce qui concerne ces derniers, les échantillons analysés contenaient moins de minéraux et plus de résidus de métaux lourds que ceux des aliments bio[132].

D'autres études récentes démontrent que les aliments biologiques contiennent plus d'antioxydants naturels comme les polyphénols[133]. On sait que les antioxydants contribuent à protéger les humains contre certains cancers et maladies du cœur[134]. Or, une des conséquences de l'utilisation de pesticides en agriculture est que les plantes – ayant moins de prédateurs – n'ont plus à produire autant de polyphénols pour se défendre ; elles en contiennent donc moins au moment de la récolte. Ainsi, une autre étude publiée dans le *Journal of Agricultural and Food Chemistry* démontre que le maïs et les mûres biologiques analysés contiennent de 50 % à 58,5 % plus d'antioxydants que leurs semblables conventionnels. Quant aux fraises bio, elles sont non seulement plus nutritives et plus écologiques, mais également plus savoureuses que leur équivalent industriel, selon l'étude menée par des scientifiques de l'Université de Washington[135].

Certes, la valeur nutritive, tout comme le goût d'un aliment, est influencée par de nombreux facteurs en plus des méthodes de production : les variétés de semences, le climat, la nature du sol et le moment de la récolte affectent la nature et la valeur de ce que nous mangeons. Et que dire des transformations subies par nos aliments au moment de leur « préparation » par les industries agroalimentaires et de tout ce qui leur est ajouté !

LA TRANSFORMATION DE NOS ALIMENTS

Les additifs alimentaires

Pour prolonger la « vie » des aliments sur les tablettes de nos épiceries ainsi que dans nos réfrigérateurs et garde-manger, les entreprises de transformation agroalimentaires ajoutent des agents de conservation. D'autres additifs alimentaires, comme les colorants, les saveurs, les texturants et autres produits du genre, servent simplement à colorer, à rehausser le goût ou à donner de la texture. Plusieurs produits artificiels sont donc utilisés uniquement pour réduire les coûts et augmenter les ventes et, par conséquent, les profits des compagnies.

Bien que l'on soutienne que la majorité de ces additifs sont sans véritable danger pour la santé, des experts s'inquiètent tout de même des effets à long terme de certains d'entre eux. Voici les produits ayant la pire réputation, à éviter autant que possible... Mais pour cela, mieux vaut lire les étiquettes !

Acesulfame K et saccharine	Alors que plusieurs études démontrent que ces sucres artificiels provoquent des mutations génétiques chez les souris de laboratoire[136], il est raisonnable de remettre en question leur « soi-disant » innocuité. *Où se cachent-ils ?* Dans certaines boissons gazeuses de type « diète », pâtisseries, « desserts minceur » et autres.
Colorants artificiels	Il existe plusieurs types de colorants artificiels, dont certains ont déjà été interdits au Canada parce qu'ils sont cancérigènes. Leurs effets sont toutefois divers et, comme toute autre substance chimique, ils n'affectent pas tous les individus de la même manière. On soupçonne certains colorants artificiels d'être liés au syndrome de déficit d'attention et d'hyperactivité[137]. Ils peuvent également provoquer des allergies, de l'asthme, de l'urticaire, de l'eczéma ou des problèmes glandulaires. *Où se cachent-ils ?* Dans une panoplie de produits colorés artificiellement, en commençant par les céréales roses et vertes, le Jell-O et la crème glacée fluorescente.

Aspartame	On retrouve ce sucre artificiel sous le nom commercial de Nutra-Sweet ou Equal. Il a un pouvoir sucrant 200 fois plus important que le sucre. Ça vous dit quelque chose ? Eh bien, ce produit est soupçonné d'être à l'origine de problèmes de santé allant du simple mal de tête[138] à des tumeurs au cerveau[139]. Il est associé à de multiples cancers chez le rat[140] et à une incidence accrue des cancers du poumon et du foie chez la souris[141]. Selon une étude récente, la consommation d'aspartame par les femmes enceintes entraînerait des risques accrus d'accouchements prématurés[142]. *Où se cache-il ?* Dans quantité de produits « diète », certaines boissons gazeuses, le thé glacé, la gomme à mâcher, etc.
BHA (hydroxy-anisol butylé), BHT (hydroxy-toluène butylé), gallate de propyle	On utilise ces trois produits chimiques pour prévenir l'oxydation et le rancissement des aliments contenant de l'huile. Certains emballages en sont enduits. Plusieurs études considèrent ces produits comme fortement cancérigènes, ce que l'État californien a d'ailleurs reconnu en 1990[143]. On les soupçonne aussi d'être responsables de perturbations de la fonction endocrinienne (hormonale)[144] et de provoquer des allergies. *Où se cachent-ils ?* Dans certaines croustilles, les céréales, les margarines et plusieurs produits frits.
Glutamate monosodique (GMS, ou MSG en anglais)	Le glutamate monosodique, aussi appelé acide glutamique ou glutamate monopotassique, est utilisé pour remplacer le sel. Il a l'avantage de stimuler les papilles gustatives, ce qui rehausse le goût des aliments. La consommation de ce produit est à l'origine, chez certaines personnes, du « syndrome du restaurant chinois », ces restaurants étant reconnus pour utiliser passablement de GMS dans leurs mets. Ce malaise peut se traduire par des maux de tête, des douleurs à la poitrine, des sensations de brûlure dans les avant-bras, le dos et le cou[145]. Ce produit est particulièrement déconseillé aux femmes enceintes ou qui allaitent. Sa consommation peut être liée à des problèmes allant de la dépression aux déficiences du système reproducteur[146]. *Où se cache-il ?* Dans beaucoup d'aliments préparés, les soupes, les croustilles, les biscuits salés, les sauces, les repas minute, etc.

Nitrites et nitrates	Le nitrite et le nitrate de sodium sont utilisés depuis des siècles pour préserver la viande. Le nitrate en soi est sans danger, mais il devient cancérigène une fois exposé à la chaleur ou durant la digestion quand il se transforme en nitrite. Les nitrites nuisent au transport de l'oxygène dans le sang. Ils ont aussi été associés au développement de cancers de l'estomac[147] et à des malformations congénitales[148]. *Où se cachent-ils ?* Dans la viande, particulièrement les charcuteries, le bacon, le jambon et les pâtés. L'eau de certains puits, en zones agricoles intensives, peut aussi en contenir à cause de l'épandage de lisier dans les champs.
Sulfites	Les sulfites sont utilisés pour prévenir la décoloration et préserver la bonne apparence de divers aliments. Des études ont démontré des liens directs entre les sulfites et les réactions allergiques. Entre 3 % et 10 % des asthmatiques y sont particulièrement sensibles[149]. *Où se cachent-ils ?* Dans les fruits secs, les pommes de terre préparées, les crevettes, le jus de citron embouteillé, certains vins, etc.
Les gras trans	Bien qu'ils aient défrayés les manchettes il y a quelques années, les gras trans font encore trop souvent partie de notre alimentation. On les retrouve le plus souvent dans les produits d'origine animale, mais aussi ajoutés aux aliments transformés comme conservateurs. C'est dans ce cas qu'ils sont les plus nocifs pour la santé. Depuis des années, des études démontrent sans le moindre doute qu'ils accroissent les maladies du cœur[150]. On les rend aussi responsables des troubles de fertilité chez la femme[151] et ils seraient un facteur de risque pour déclencher la maladie d'Alzheimer[152]. En 2009, les données de Santé Canada ont révélé que 57 % des produits de boulangeries analysés contenaient plus de 5 % de gras trans, soit le seuil autorisé par la réglementation en vigueur[153]. Sans compter que beaucoup de produits contenant des gras trans sont destinés aux enfants comme les biscuits, les barres tendres et les petits gâteaux emballés. Pour les éviter, mieux vaut bien lire la valeur nutritive des aliments inscrite sur les étiquettes. Les gras trans apparaissent souvent sous la mention **gras saturé**, **huile** ou **graisse partiellement hydrogénée**. *Où se cachent-ils ?* Dans les gâteaux préemballés, les croissants, les beignes industriels, les soupes instantanées, les pommes de terre congelées, les doigts de poulet panés ou encore le pop corn du cinéma.

L'IRRADIATION DES ALIMENTS

Un petit steak de bœuf conservé à température ambiante depuis quelques années, ça vous dirait? Si celui-ci a été irradié, il ne sera pas «périmé» et goûtera même bon, selon la chimiste Monique Lacroix de l'Institut Armand-Frappier[154].

L'irradiation est utilisée comme moyen de conservation des aliments ou comme moyen de stérilisation. Une fois bombardées de rayons gamma, de rayons X ou de faisceaux d'électrons, les molécules d'ADN des micro-organismes sont détruites[155]. Ainsi, l'énergie ionisante peut-elle pénétrer dans les aliments, tuant bactéries, insectes, moisissures et autres pathogènes potentiels. Ce procédé ralentit aussi le mûrissement ou la germination des fruits et des légumes frais. «L'Hiroshima» des micro-organismes alimentaires de tout acabit est situé à Laval, seul centre d'irradiation au Canada.

Des effets sur la santé?

On en sait très peu sur les effets à long terme des aliments irradiés sur l'humain, et particulièrement sur les groupes les plus à risques: les enfants, les femmes enceintes et les personnes âgées[156]. On reconnaît cependant que les aliments ayant été exposés à des fortes radiations tendent à perdre de leur valeur nutritionnelle, notamment de la vitamine A, B1, C et E[157]. De plus, cette technologie altère la composition chimique des aliments, entraînant par exemple la formation de 2-alkylcyclobutanone dans les aliments contenant des matières grasses[158]. Cette substance est soupçonnée d'être cancérigène et mutagène[159].

LE SAVIEZ-VOUS...

■ La dose nécessaire à l'irradiation de la pomme de terre équivaut à 2,5 millions de radiographies pulmonaires d'un seul coup. Cette exposition est 50 fois plus élevée que la dose suffisante pour tuer un humain[160].

Malgré ces risques et les déchets radioactifs générés par cette technologie, une cinquantaine de pays autorisent son utilisation pour une cinquantaine de produits alimentaires; les États-Unis, Israël, le Mexique, le Royaume-Uni, la Chine, la France, l'Italie, les Pays-Bas, le Brésil, le Japon, la Belgique et la Thaïlande en sont les chefs de file.

Le Canada, quant à lui, autorise l'irradiation des oignons, des pommes de terre, du blé, de la farine, des épices entières ou moulues et des assaisonnements déshydratés[161]. Santé Canada propose d'ajouter à cette liste le bœuf haché frais et congelé, la volaille fraîche et congelée, les crevettes fraîches, congelées, préparées, séchées et préemballées ainsi que les mangues[162].

Des risques pour l'environnement ?

Le césium 137 et le cobalt 60 étant utilisés comme sources de rayons gamma, l'irradiation entraîne donc la production de déchets radioactifs. Leur gestion représente un défi de taille pour l'environnement comme pour la santé humaine, car il n'existe toujours pas de solution permanente favorisant l'élimination des déchets nucléaires qui peuvent avoir des impacts négatifs sur la santé et l'environnement pendant des milliers d'années.

Savoir lire les étiquettes

Comme vous pouvez vous en douter à la lecture de ce chapitre, un aliment appelé « Naturel » dans le contexte des 3N-J
signifie bien plus que la simple inscription de ce mot sur un
pot de yogourt. Partant d'une approche globale et donc d'une
vision holistique, il implique de tenir compte non seulement
de notre santé immédiate, mais aussi de celle de la Terre et
donc de l'équilibre des écosystèmes dans leur ensemble pour
le bien-être des générations futures.

Grâce aux demandes d'un nombre croissant de consommateurs se souciant de leur santé et de celle de l'environnement, il devient possible de se procurer des produits vraiment
naturels même dans les supermarchés. Attention cependant à
la signification des termes.

« Naturel »

Selon Agriculture et Agroalimentaire Canada (AAC): « L'allé-
gation "naturel" dans la plupart des cas est synonyme de "ne
contient aucun additif alimentaire, élément nutritif, agent
aromatisant, additif accidentel ou contaminateur ajouté"[163] ».
Selon cette définition, le sucre blanc peut recevoir l'appellation « naturel », et des résidus de pesticides chimiques peuvent
être présents dans les aliments.

« Pur »

Dans le jargon du *Guide d'étiquetage et de publicité sur les
aliments* d'Agriculture et Agroalimentaire Canada: « Le
terme "pur" ne doit pas être utilisé sur les étiquettes ou en
rapport avec un aliment qui est un mélange, un composé, une
imitation ou un succédané (substance qui peut en remplacer
une autre)[164]. » De plus, ce produit ne doit contenir aucun
agent de conservation, agent anti-mousse ou colorant, et ce,
même si la norme pourrait le permettre.

Ainsi, les produits n'étant pas composés d'un seul et
unique ingrédient ne doivent pas être décrits comme « 100 %

pur » ou « pur à 100 % ». Par exemple, il n'est pas permis d'écrire « saucisse pure à 100 % », parce que la saucisse est faite à partir d'ingrédients transformés.

« Biologique », « écologique » et « organique »

Selon la réglementation québécoise, les mentions « biologique », « culture biologique », « élevage biologique », « produit biologique », « certifié biologique », « écologique », « organique » ou toute autre variation ou utilisation du mot « biologique », comme « bio », sont considérées comme des allégations de produits biologiques.

Au Québec, l'utilisation de ces termes est protégée par la Loi sur les appellations réservées et les termes valorisants. Par le biais du Conseil des appellations réservées et des termes valorisants (CARTV), le gouvernement encadre le processus de certification afin de garantir aux consommateurs l'intégrité de ces appellations pour les produits biologiques du Québec. Ecocert Canada, Letis, Organic Crop Improvement Association (OCIA), Québec Vrai, Pro-Cert Organic Systems et Quality Assurance International (QAI) sont les organismes accrédités, dont on trouve les noms et logos sur des produits certifiés, cultivés ici.

Quant aux produits biologiques importés, la réglementation oblige maintenant les commerçants à identifier comme biologiques seulement les produits certifiés par des organismes reconnus par le CARTV.

À l'échelle plus globale, l'International Federation of Organic Agriculture Movements (IFOAM) travaille à l'établissement de normes internationales en collaboration avec les 700 organisations membres réunies sous son parapluie. La FAO travaille également sur cette question, en collaboration avec l'IFOAM et plusieurs agences gouvernementales.

La certification biologique

Pour obtenir une certification biologique, les agriculteurs doivent respecter un cahier des charges de production, qui définit ce qu'il est permis de faire ou non afin de préserver la santé des sols et des animaux. Ainsi, il ne s'agit pas seulement d'éviter les produits chimiques pour les agriculteurs bio. Ils doivent maintenir et améliorer la fertilité de la terre, veiller à sa protection et au bien-être des animaux. La grande majorité des producteurs biologiques pratique une agriculture diversifiée, ce qui est propice au maintien d'un équilibre écologique et à la protection de la biodiversité.

Dans les champs, ils assurent une rotation des cultures afin d'éviter l'appauvrissement des sols qu'ils enrichissent à l'aide d'engrais naturels, comme le compost et le fumier. Ils plantent des légumineuses, comme la luzerne, qui ont l'avantage de fixer l'azote au sol et de le protéger contre l'érosion. Afin de contrôler l'invasion de plantes, de champignons, d'insectes et autres parasites pouvant nuire aux cultures, des techniques naturelles sont employées : sarclage, compagnonnage, pose de pièges et d'appâts, pesticides naturels autorisés[165], etc. L'utilisation de semences génétiquement modifiées, d'engrais chimiques et de pesticides de synthèse est formellement interdite.

Dans le cas des viandes, des œufs et des produits laitiers certifiés bio, les animaux sont nourris avec des aliments eux aussi certifiés bio. De plus, afin d'assurer leur bien-être, ils doivent disposer d'un espace suffisant à l'intérieur et avoir accès à l'extérieur. L'utilisation de farines animales, d'antibiotiques et d'hormones de croissance est prohibée. Les animaux sont soignés de manière naturelle à l'aide d'homéopathie et d'argile, par exemple.

Au Québec, on compte plus de 1 050 entreprises agricoles certifiées biologiques, et plus d'une centaine sont en voie de le devenir[166]. Trois ans de transition sont en effet nécessaires

avant qu'une exploitation puisse obtenir la certification biologique des ses produits.

Le logo BIO Québec nous aide à identifier les produits
biologiques du Québec. Ceux qui arborent ce logo contien-

nent au moins 95 % d'ingrédients certifiés biologiques, tout en provenant d'entreprises dont
toutes les activités de production ou de préparation (transformation et emballage) se déroulent
au Québec[167]. Ce logo, comme toutes les certifications biologiques, est une marque officielle du Conseil des appellations
réservées et des termes valorisants qui en régit l'emploi. Son
usage est volontaire selon les normes en
vigueur, tout comme les logos des organismes de certification ou signes de confor-
mité employés sur les produits biologiques
vendus au Québec et au Canada.

Attention !

Un aliment certifié biologique n'est pas pour
autant écologique par essence ni incondi-
tionnellement sain. Ainsi, quatre piments
bio suremballés, ayant été transportés sur des milliers de
kilomètres, ne représentent pas nécessairement un choix
écologique par rapport à des piments achetés sans emballage
et directement à un petit agriculteur local. Même chose
lorsque l'on parle de l'aspect « santé » des aliments biologiques. S'empiffrer de frites, de hamburgers et de crème glacée,
même bio, n'est pas particulièrement recommandé pour la
santé. Il en va du gros bon sens !

« Poulet de grains » ?

Au Canada, aucune loi n'encadre l'utilisation des appellations « poulet de grains » ou « nourri aux grains ». Il ne s'agit
pas d'appellations contrôlées[169]. Et aucune législation québécoise ou canadienne ne définit ce à quoi le consommateur est
en droit de s'attendre lorsqu'il achète un aliment avec cette
étiquette.

> **LE SAVIEZ-VOUS...**
> ■ Le bio ne représente
> pour l'instant que 2 %
> de l'alimentation des
> Canadiens, mais
> connaît une croissance
> fulgurante. Entre 2006
> et 2008, ce marché a
> cru de 66 %[168].

Qu'ils proviennent de petits ou de grands élevages, de fermes bio ou d'usines avicoles, tous les poulets sont nourris de grains. Ils mangent entre autres de l'orge, du blé, du soya, et du maïs. Ainsi, on pourrait dire de tous les poulets qu'ils sont « de grains »[170] ! La question est plutôt de savoir ce qui, en plus du grain, a servi à nourrir et à soigner l'animal. Antibiotiques pour la croissance ou la prévention ? Farines animales d'origine bovine ou autres ? L'étiquette ne le dit pas. Il est fort probable que votre « poulet de grains » en ait consommé, à moins qu'il ne soit certifié bio. Quant aux conditions d'élevage, le consommateur ne peut pas les connaître non plus, à moins, encore une fois, de choisir un poulet biologique.

Et à la poissonnerie ?

Greenpeace a dressé une liste de poisons et de fruits de mer à éviter impérativement de manière à préserver nos océans et pour que nous puissions encore manger du poisson demain !

Aiglefin	Raie et pocheteaux
Bar du Chili	Hoki de Nouvelle-Zélande
Crevette tropicale	Pétoncle géant de l'Atlantique
Espadon	Requin
Flétan de l'Atlantique	Saumon d'élevage de l'Atlantique
Flétan du Groënland	Thon rouge
Hoplostète orange	Thon obèse
Mactre de l'Arctique	Thon albacore
Morue de l'Atlantique	

Au Canada, cependant, le thon rouge est pêché à la ligne. Les règles de pêche qui concernent le flétan de l'Atlantique (turbot) sont aussi très sévères ici. Les pêcheurs possèdent des quotas individuels et les débarquements sont extrêmement surveillés. Le flétan du Groënland n'est, quant à lui, pêché au Québec que quelques heures par année (24 à 48 heures). Il vaut donc la peine d'exiger des poissons d'ici.

De manière générale, Greenpeace suggère cependant de privilégier l'achat de crustacés d'élevage, comme les moules et les pétoncles. Les crevettes de Colombie-Britannique prises au casier, les pétoncles ramassées à la main ou l'espadon de Nouvelle-Écosse pêché au harpon font également partie de leurs suggestions. Il est aussi plus écologique de choisir des poissons et des fruits de mer qui se situent en bas de la chaîne alimentaire : les anchois, les sardines, les palourdes et les huîtres de même que des poissons végétariens, comme le tilapia élevé en Amérique du Nord, le plus souvent dans des aquariums clos. Voir le guide de Greenpeace « Au rayon poissons Faites le bon choix[171] ».

Le Seachoice publie également sa liste de poissons et fruits de mer à éviter ou à privilégier. La version anglaise est régulièrement mise à jour afin de suivre l'évolution des connaissances scientifiques[172].

Partager ces informations et demander à nos poissonniers et nos épiciers de suivre les recommandations des scientifiques qui ne sont pas à la solde de l'industrie permettrait que ces pratiques plus écologiques se généralisent.

Marine Stewardship Council (MSC)

Le logo du Marine Stewardship Council (MSC) est apposé sur des poissons et des fruits de mer issus d'une pêche qui permet de « préserver les ressources  marines et [d']assurer la pérennité de la filière[173] ». Calqué sur le modèle du Forest Stewardship Council (FSC) dont il a été question au chapitre un, le MSC est un organisme sans but lucratif regroupant à la fois des organisations environnementales et sociales ainsi que des acteurs économiques. Il a été fondé conjointement par le WWF (Fonds mondial pour la nature) et la multinationale agroalimentaire britannique Unilever en 1997, mais est devenu indépendant en 1999.

Grâce à une équipe d'experts, le MSC définit des critères de certification afin de privilégier une pêche à la fois plus écologique et socialement responsable. Certaines organisations environnementales et scientifiques soutiennent cependant que ces critères ne sont pas toujours suffisants pour protéger tous les stocks de poisons[174]. Au début de l'année 2011, les captures de 237 pêcheries détenaient la certification du MSC : l'écolabel MSC Pêche Durable est une marque déposée et protégée par la loi.

Irradié !

L'Agence canadienne d'inspection des aliments (ACIA) exige que la nourriture irradiée soit identifiée par le symbole « radura » au-dessus duquel est écrite la mention « irradié ». Les aliments dont le contenu irradié est inférieur à 10 % n'ont cependant pas à se soumettre à l'étiquetage.

Bien que l'importation d'aliments irradiés (outre ceux qui sont sur la liste) soit officiellement interdite au Canada, il est difficile d'en prévenir l'entrée totalement si l'étiquetage n'est pas réglementé dans le pays d'origine. Comme elle le fait pour déceler les résidus de pesticides, l'ACIA effectue des tests en laboratoire sur des échantillons d'aliments. Reste que tous les convois ne sont pas échantillonnés...

ConsommAction

■ De préférence... je mange bio! En cherchant les certifications biologiques, je m'assure que mes aliments ont été cultivés ou élevés sans pesticides ni engrais chimiques, sans hormones de croissance, antibiotiques ou farines animales et sans OGM. Cela me garantit aussi qu'ils ne contiennent pas d'additifs alimentaires chimiques et qu'ils n'ont pas été irradiés.

■ Je me fie à la qualité des aliments et non pas à leur apparence « parfaite et uniforme ».

■ Je refuse les OGM dans mon assiette. La majorité des aliments transformés conventionnels peuvent en contenir. Je peux consulter le *Guide des produits OGM* de Greenpeace[175].

■ Je lis les étiquettes. Je me soucie du contenu des produits et de leur provenance.

■ J'achète des produits cultivés dans ma région. Généralement, ils contiennent moins de résidus de pesticides chimiques et d'additifs alimentaires que les produits importés conventionnels.

■ Je lave bien mes fruits et mes légumes afin d'éliminer les pesticides de surface. Je peux utiliser un savon spécial ou simplement un savon à vaisselle écologique. Je fais attention de bien rincer. Malheureusement, plusieurs pesticides – dits systémiques – pénètrent dans les fruits et les légumes même si ces derniers ont la pelure épaisse.

■ Je diminue ma consommation de viande et d'autres produits d'origine animale. De préférence, je choisis du bio. Les animaux étant situés en haut de la chaîne alimentaire, leur chair, leur lait ou leurs œufs sont plus susceptibles de contenir des résidus de pesticides et d'autres polluants en forte concentration. S'ils ne sont pas bio, ils peuvent contenir des traces d'antibiotiques ou d'hormones de croissance. De manière générale, la production animale est l'une des activités agricoles qui polluent le plus.

■ Je découvre des recettes végétariennes. Je peux, par exemple, remplacer la viande hachée par les lentilles. Il y a bien plus que du tofu et des germinations dans la cuisine végétarienne !

Belem cueillant des bleuets à l'Île-Verte. (© Esperamos)

■ J'évite les aliments irradiés de même que les produits qui contiennent de l'acesulfame K, de la saccharine, des colorants artificiels, de l'aspartame, du BHA, du BHT, du gallate de propyle, du glutamate monosodique, des nitrites et des sulfites de même que des gras trans.

■ Je demande à mon épicier et au gérant de la cafétéria de vendre plus de produits frais du Québec et autant que possible biologiques. Je lui parle de mes inquiétudes au sujet des produits chimiques.

■ Je fais circuler de l'information sur le sujet.

■ Je me mets au jardinage écologique[176]. Je choisis des semences de variétés locales et traditionnelles.

■ J'apprends aux enfants à reconnaître les aliments propres à chaque saison.

■ Je m'implique dans l'organisation d'une campagne de sensibilisation pour que plus de gens prennent conscience des impacts de leur alimentation sur leur santé, sur celle de la Terre et de ses habitants.

■ Je suggère à mon poissonnier et à mon épicier de bannir les poissons et fruits de mer placés sur la liste rouge de Greenpeace et du SeaChoice. Je leur suggère plutôt d'offrir des produits de la mer certifiés biologiques ou certifiées par le MSC et de privilégier la liste verte de ces mêmes organisations.

■ Je prends part aux débats publics. J'écris des lettres d'opinion et je m'exprime dans ma communauté et dans les médias.

En faisant des choix alimentaires plus Naturels...

■ Je prends soin de ma santé.

■ J'évite l'intoxication des travailleurs agricoles et la contamination de l'environnement.

■ Je contribue à la préservation de la biodiversité, de la qualité des sols, de l'eau et de l'air.

■ Je fais un geste responsable pour les générations à venir.

JUSTE

Quand vous étiez enfant, est-ce que vos parents vous demandaient de terminer le contenu de votre assiette en vous rappelant que d'autres auraient été ravis de dévorer vos croûtes de pain ou les brocolis que vous tentiez de faire disparaître sous le napperon? À ce moment-là, les liens entre le contenu de votre assiette et la faim dans le monde vous paraissaient sans doute bien obscurs. Pourtant, des liens, il en existe plusieurs. Parce qu'ils sont indirects et souvent complexes, on a tendance à les oublier ou à laisser ces problèmes macroéconomiques aux experts. Ce sont pourtant ces liens d'interdépendance qui nous lient les uns aux autres, nous permettant d'influencer le monde dans lequel nous vivons.

TROP DE NOURRITURE JETÉE

Force est de constater que le gaspillage a cours du champ jusqu'à la table[1]. Aux États-Unis, selon les travaux de l'anthropologue Timothy Jones, de 40 à 50 % de la nourriture produite n'atteint tout simplement pas les bouches auxquelles elle est destinée[2]. D'après cet expert, la situation serait similaire au Canada[3]. Jones a passé 10 ans de sa vie à quantifier le gaspillage alimentaire aux États-Unis, de la ferme jusqu'à

Ci-contre : Cueilleuses de thé de la plantation biologique et équitable Makaïbari dans le Darjeeling, Inde. (© Éric St-Pierre)

la table en passant par les chaînes de transformation et de distribution, les supermarchés et les restaurants. À chaque étape, des quantités faramineuses de nourriture sont perdues ou jetées.

À la ferme d'abord, seuls les fruits et les légumes qui ont le *look* du marché sont cueillis et sélectionnés pour être vendus. De plus, si le cours du marché est trop bas, il n'est pas rare que les agriculteurs soient obligés de laisser une partie de leurs récoltes dans les champs, surtout si les coûts de main-d'œuvre excèdent leurs gains[4]. C'est périodiquement le cas pour plusieurs producteurs de fruits et légumes du Québec, notamment ceux qui cultivent les petits fruits, comme la framboise qui peine à tenir tête à la framboise californienne.

À chaque étape de transformation, aussi, des aliments sont jetés, ainsi qu'à l'épicerie et au restaurant. En 2006-2007, la chaîne alimentaire Sainsbury's en Grande-Bretagne était fière d'annoncer qu'elle avait donné 6 680 tonnes de nourriture à des œuvres de charité. Cela ne représentait pourtant que 10 % de tout ce qu'elle avait jeté au cours de l'année[5]. Quant à ce qui se passe dans nos cuisines…

Selon les sondages d'opinion, la majorité d'entre nous estime gaspiller seulement entre 1 et 5 % de la nourriture achetée. Pourtant, les études démontrent qu'en Europe et en

---

LE SAVIEZ-VOUS…

■ En banlieue de la ville de Sidney (Australie), un restaurant japonais du nom de *Wafu* rembourse 30 % de la facture aux clients qui ne laissent aucun reste dans leur assiette ou les rapportent avec eux[6]. Sans compter que cet hôte encourage ses convives à apporter leurs propres contenants ! D'autres restaurants choisissent une mesure inverse : ils font payer un supplément à ceux et celles qui ne terminent pas leur assiette.

■ Des groupes de citoyens s'organisent pour récupérer une partie de la nourriture jetée dans les conteneurs à déchets par des distributeurs alimentaires ou des épiceries. Ils pratiquent le *dumpster diving*. Des organisations comme L'Être Terre et la Coop généreux encouragent ce genre de récupération alimentaire d'une qualité souvent insoupçonnée[7].

Amérique du Nord entre 14 et 25 % de ce qui est rapporté de l'épicerie ne sera tout simplement pas consommé en dépit de nos perceptions[8]. Selon Statistique Canada, chaque Canadien gaspille en moyenne 183 kg de nourriture par année[9]. Ainsi, au pays, plus du tiers de tous les aliments mis en vente finit dans une poubelle ou dans un compost[10].

Réduire le gaspillage alimentaire nous permet non seulement d'économiser beaucoup d'argent et de réduire l'utilisation de produits chimiques, mais surtout de diminuer la pression exercée sur les ressources naturelles de la planète. Autrement dit, par ce simple geste, nous participons à l'amélioration de la gestion des terres, de l'eau et des énergies fossiles tout en préservant la biodiversité. De plus, comme la surconsommation dans les pays riches fait grimper les prix des biens de consommation dans les pays pauvres, réduire le gaspillage à grande échelle aurait un impact positif sur les populations les plus démunies[13]. Le marché mondial actuel étant loin d'être équitable, ce que nous achetons en trop prive ceux et celles qui disposent de moins de moyens.

> **LE SAVIEZ-VOUS...**
>
> ■ Un quart de la nourriture gaspillée aux États-Unis et en Europe suffirait à nourrir correctement les 925 millions de personnes qui souffrent actuellement de la faim à travers le monde[11].
>
> ■ Au stade du développement de ses forces de production agricoles actuelles, la planète pourrait nourrir sans problème 12 milliards d'êtres humains, soit près du double de la population mondiale d'aujourd'hui[12].

VIANDE !

Votre médecin vous conseille de réduire votre consommation de viande ? Réjouissez-vous, car, ce faisant, vous réduirez aussi la taille de votre empreinte écologique et sociale. Voilà un excellent moyen d'améliorer votre santé et celle de la planète tout à la fois.

Il faut en effet 8 kg de céréales pour produire 1 seul kg de bœuf[14]. D'un point de vue strictement énergétique, convertir des protéines végétales en protéines animales est pour le moins inefficace : un animal ingère en moyenne 7 kilocalories pour finalement en redonner 1 seule sous forme de viande[15]. Tous les types d'élevage n'ont cependant pas la même empreinte écologique. Ainsi, élever un animal en pâturage requiert beaucoup moins d'énergie que s'il est cloîtré à l'intérieur et nourri de céréales et de fourrage spécialement cultivés pour l'alimenter, parfois même importés de loin.

LE SAVIEZ-VOUS...

■ Léonard de Vinci, Gandhi, Albert Einstein, Benjamin Franklin, Marguerite Yourcenar, Frédéric Back, Tina Turner, Jane Goodal, Cindy Lauper et Julie Snyder sont quelques végétariens connus.

De manière générale, plus nous consommons de la viande, plus nous demandons à la terre de produire des céréales et des fourrages pour nourrir les animaux plutôt que d'alimenter directement les humains. Cela se traduit par une augmentation du défrichage des forêts et des terres sauvages, ainsi qu'une utilisation croissante de pesticides, d'engrais chimiques et d'énergie. Sans compter que la production de viande demande entre 6 et 20 fois plus d'eau que celle de céréales[16].

À l'échelle de la planète, pas moins de 70 % des terres agricoles est ainsi consacré à l'élevage animal[17]. Une étude de l'Université Cornell a démontré que les États-Unis à eux seuls parviendraient à nourrir 800 millions de personnes supplémentaires avec les céréales qui sont présentement destinées aux élevages américains[18]. Réduire notre consommation de protéines animales contribue donc à la conservation de l'eau, de l'énergie et de la biodiversité, ainsi qu'à une utilisation plus rationnelle des ressources. De plus, ce geste permet de réduire nos émissions de gaz à effet de serre de manière importante[19].

En effet, selon l'Organisation des Nations Unies pour l'alimentation et l'agriculture (FAO), l'élevage intensif contribuerait davantage aux changements climatiques que le secteur du transport. À l'échelle de la planète, il serait responsable de 18 % des émissions de gaz à effet de serre, principalement à cause de la déforestation nécessaire à l'élevage[20]. Autre aspect à considérer : les flatulences des cheptels ! Eh oui, vu leur nombre, bœufs, vaches, cochons et poulets émettent d'importantes quantités de méthane dans l'atmosphère. Il s'agit d'un gaz 21 fois plus puissant que le CO_2 qui s'échappe notamment des voitures.

Plusieurs raisons viennent ainsi conforter le choix de réduire sa consommation de viande ou d'opter pour le végétarisme. Certains le font pour des raisons écologiques, de justice sociale ou de santé, d'autres pour des raisons d'éthique à l'égard des animaux. En effet, comme nous avons pu le voir au chapitre 3, les élevages industriels n'ont rien à voir avec les images bucoliques des animaux qui broutent ou picorent dans les champs.

La plupart des élevages au Québec sont aujourd'hui hors-sol, c'est-à-dire que les animaux sont élevés uniquement à l'intérieur et souvent dans des conditions de promiscuité. Un poulet, par exemple, dispose d'un espace à peine plus grand qu'une feuille de papier[21]. Les animaux ne mettront le nez dehors que pour se rendre à l'abattoir. D'ailleurs, vous l'aurez peut-être remarqué en vous promenant à la campagne : on ne voit presque plus de vaches, de cochons ou de poules à l'extérieur, à moins qu'il ne s'agisse d'élevages biologiques ou non commerciaux. L'objectif est de faire engraisser l'animal aussi rapidement que possible aux moindres coûts, les agriculteurs et les éleveurs qui nous nourrissent étant écrasés par les pressions d'un marché qui veut toujours plus en payant toujours moins.

LE SAVIEZ-VOUS...

■ Manger des légumineuses, des noix, des graines et du soya ajoute des phytoprotecteurs, des antioxydants et des fibres à notre alimentation, tout en réduisant notre apport en gras saturé et en cholestérol[22]. Comme le soutiennent les spécialistes de la santé associés au mouvement « Lundi sans viande » : « Substituer des repas de viandes par davantage de végétaux permet de réduire nos risques de cancers, maladies cardiaques, obésité, hypertension artérielle, diabète, maladies rénales, etc.[23] »

Réduire notre consommation de viande est un moyen de transformer cette donne. Choisir une viande de qualité, en la payant un juste prix aux éleveurs qui la produisent de manière écologique et respectueuse des animaux, en est un autre.

Réduire notre consommation de viande...

■ diminue notre consommation énergétique et nos émissions de gaz à effet de serre ;

■ réduit la surface terrestre nécessaire à l'alimentation humaine ;

■ permet de découvrir de nouveaux mets ;

■ épargne des vies et de la souffrance animales ;

■ nous garde en santé ;

■ contribue à préserver la vitalité des sols ;

■ réduit notre dépendance aux produits de synthèse – pesticides et engrais chimiques, etc. ;

■ préserve les ressources naturelles – terre, air, eau et biodiversité.

LA FAIM DU MONDE

Sur la planète, un être humain sur sept est sous-alimenté[24]. Les enfants en sont les premières victimes. Chaque année, la malnutrition tue plus de cinq millions d'enfants de moins de cinq ans[25]. C'est comme si la tragédie du 11 septembre se répétait près de cinq fois par jour, mais seulement avec des petits enfants[26].

Pourtant, de la nourriture, il y en a suffisamment ; bien assez pour nourrir adéquatement la planète entière, et plus encore[27]. Ce qu'il manque, c'est plus de justice. La pauvreté est l'épicentre du séisme humanitaire qui fait des ravages non seulement en Afrique et en Asie, mais un peu partout sur la planète, même dans les pays officiellement les mieux nantis[28].

C'est que l'écart entre riches et pauvres ne cesse de s'accroître tant entre les pays du Nord et du Sud qu'à l'intérieur même de ceux-ci. À l'échelle de la planète, plus d'une personne sur trois vit avec moins de 2 $ par jour[29]. Pendant ce temps, les trois personnes les plus riches de la planète jouissent ensemble d'une fortune qui excède la somme des produits intérieurs bruts (PIB) des 14 pays les plus pauvres de la planète[30]. On parle ici de 3 individus plus riches que 337 millions de personnes mises ensemble.

Les agrocarburants

On aura beau dire que l'argent ne nourrit pas, ceux qui le détiennent déterminent ce qui est semé, récolté et distribué. Sur le grand marché mondial, les aliments sont devenus une marchandise comme les autres. On cultive d'abord pour vendre, ensuite pour nourrir.

L'appétit soudain du marché mondial pour les agrocarburants illustre bien les impacts de ce phénomène. À la recherche de bons placements financiers et d'alternatives au pétrole, les spéculateurs et plusieurs gouvernements se sont mis à promouvoir les agrocarburants tels que l'éthanol produit à partir de maïs, ou le biodiesel fabriqué grâce à l'huile de palme. Selon la Banque mondiale, cette augmentation de la demande pour les agrocarburants est responsable à 75 % de l'augmentation du prix des denrées alimentaires[31]. En 2008, elle a donné lieu à des émeutes de la faim surtout en Afrique et en Asie. En 2011, les coûts élevés de l'alimentation ont contribué au déclenchement de révolutions historiques en Tunisie et en Égypte.

LE SAVIEZ-VOUS...

■ Le développement exponentiel des cultures de palmier à huile contribue à la destruction massive de forêts en Malaisie et en Indonésie, réduisant l'habitat de l'orang-outan, une espèce déjà en voie d'extinction[32].

■ 63 % des terres concernées par les investissements agricoles internationaux sont dédiées à des cultures industrielles ou d'exportation, aux agrocarburants, à la chasse, à l'élevage ou à la forêt. Seulement 37 % sont dédiées aux cultures alimentaires locales[33].

L'accaparement des terres

Ce que certains nomment « investissements internationaux en agriculture », d'autres en parlent comme étant de « l'accaparement de terres ». Depuis 2008, plus de 40 millions d'hectares ont été achetés ou loués par des investisseurs étrangers dans les pays du Sud afin d'assurer soit un approvisionnement alimentaire pour les pays plus riches soit la production de céréales destinées aux agrocarburants[34].

Au Mozambique, par exemple, la compagnie canadienne Energem a développé un projet de 60 000 hectares de culture de jatropha[35] destinée à la production d'agrocarburant sur des terres utilisées depuis des générations par des paysans locaux. Comme l'explique le journaliste Arthur Frayer du journal *Libération* :

> Au Mozambique, la terre est propriété de l'État, et quiconque veut l'exploiter doit obtenir un droit de concession de 50 ans renouvelable ; 98 % des cultivateurs n'ont jamais entrepris de telles démarches et les compagnies privées s'approprient leurs terrains au cours de procédures opaques. Energem Biofuels a négocié une partie de ses terres avec le chef de la communauté de Chilengue, et membre du Frelimo, au pouvoir depuis 30 ans. Selon un rapport des Amis de la Terre, l'homme aurait bénéficié de largesses pour influencer les habitants. « Il a poussé le village à vendre ses terres à Energem en disant que la société donnerait de l'argent et d'autres champs en échange », témoigne un habitant. « Les cultivateurs locaux n'ont que leur terre comme richesse. Une fois qu'ils l'ont cédée, ils n'ont plus rien », poursuit Anabela Lemos. Energem Biofuels paye 60 dollars (44 euros) par mois les 500 paysans qu'elle emploie, le salaire minimum[36].

La région du Mozambique où s'est implantée cette compagnie canadienne a accusé un déficit alimentaire de

LE SAVIEZ-VOUS...

■ La quantité de céréales nécessaire pour remplir un réservoir de 25 gallons d'éthanol suffit à nourrir une personne pendant un an. Si tous les Américains se mettaient à utiliser uniquement de l'éthanol pour tous leurs déplacements, il leur faudrait autant de céréales que pour nourrir 26 milliards de personnes pendant un an[37] !

567 000 tonnes de nourriture en 2009, alors qu'à l'échelle du pays 40 % de la population souffre de malnutrition. Au mois de septembre 2010, des émeutes de la faim dans ce pays ont fait 13 morts.

L'accaparement des terres agricoles n'est pas seulement une pratique de multinationales, mais aussi de pays. La Corée du Sud, par exemple, avait mis la main sur un peu plus de la moitié des terres arables de l'île de Madagascar, soit 1,3 million d'hectares. Apprenant la nouvelle, la population s'en est prise à son gouvernement, le faisant tomber[38]. La Chine, le Qatar et la Libye sont à la recherche de terres arables pour répondre à des besoins tant alimentaires qu'énergétiques[39].

L'insécurité alimentaire chez nous

« La sécurité alimentaire est assurée quand toutes les personnes, en tout temps, ont économiquement, socialement et physiquement accès à une alimentation suffisante, sûre et nutritive qui satisfait leurs besoins nutritionnels et leurs préférences alimentaires pour leur permettre de mener une vie active et saine. »

– Organisation des Nations Unies pour l'alimentation et l'agriculture, Déclaration de Rome sur la sécurité alimentaire mondiale, 1996

La faim et la malnutrition ne sont pas réservées aux gens d'ailleurs, elles gargouillent aussi dans le ventre de nombreux Nord-Américains. Selon Statistique Canada, près de 8 % de la population d'ici s'est trouvée en situation d'insécurité alimentaire en 2007-2008[40]. Les familles monoparentales sont les plus touchées par ce phénomène. Par contre, on remarque que les enfants sont généralement nourris prioritairement. Ainsi, de manière globale, ce sont les femmes et les jeunes qui souffrent le plus de l'insécurité alimentaire chez nous.

Personne ne choisit d'avoir faim. La pauvreté, le manque de ressources et d'éducation déterminent en grande partie la qualité et la quantité du contenu de l'assiette de chacun. Lorsque les emplois disparaissent au même rythme que les services sociaux, que les salaires sont bas, les horaires entrecoupés et irréguliers, il est difficile pour de nombreuses personnes de combler adéquatement un besoin aussi fondamental que celui de bien manger. Et ce, parfois même en ayant un emploi, puisqu'il est devenu extrêmement difficile de faire vivre une famille avec un salaire minimum. Il se trouve en effet de plus en plus de « travailleurs pauvres » au Canada[41].

Il ne suffit pas de consommer de grandes quantités d'aliments chaque jour pour pallier l'insécurité alimentaire et la malnutrition, qui souvent vont de pair. Aussi paradoxal que cela puisse paraître, 15 % des personnes souffrant d'insécurité alimentaire sont aussi obèses[43]. Parmi elles, plusieurs ont tendance à consommer des calories vides (pain blanc, boissons gazeuses, croustilles, sucreries, etc.) et pas suffisamment de nourriture saine (fruits et légumes frais, aliments complets, etc.). Une alimentation riche en gras et en sucre apporte beaucoup de calories, mais très peu de vitamines, de fibres, de minéraux et d'autres éléments nutritifs essentiels au maintien de la santé.

> **LE SAVIEZ-VOUS...**
>
> ■ Au mois de mars 2010, 867 948 personnes ont eu recours aux banques alimentaires au Canada : 38 % de cette aide visait des enfants et des jeunes[42]. Au Québec, le recours aux banques alimentaires a augmenté de 12 % depuis 2009.

La malbouffe est à l'origine de problèmes alimentaires qui, pour plus d'un Canadien sur trois, se traduisent par une surcharge pondérale ou ultimement de l'obésité[44]. Ce phénomène ne touche plus seulement les pays à haut revenu, mais également les populations, surtout urbaines, de pays à moyens et à faible revenu. L'Organisation mondiale de la santé (OMS) n'hésite pas à parler d'épidémie pour décrire ce nouveau problème de santé public[45]. En effet, la surcharge pondérale et l'obésité constituent des facteurs de risque importants pour le développement de plusieurs maladies chroniques, tant cardiovasculaires que respiratoires, ainsi que du diabète de type 2, de l'hypertension, etc.

Perspective

de Britta Coy

LES CUISINES COLLECTIVES

« J'ai pas le goût de popoter. » « Pas encore des pâtes ! » « J'ai pas le temps de bien manger... » « C'est bien cher, ça ! » Ça vous rappelle quelque chose ? Alors, venez voir les cuisines collectives !

C'est quoi ?

Les participants sont répartis en équipes de trois à six personnes qui cuisinent en grande quantité une ou deux fois par mois. La cuisine collective est une façon de cuisiner en groupe en s'amusant et en économisant. Après la préparation, la nourriture est distribuée et chacun rentre chez soi avec de bons petits plats à congeler.

Comment ça marche ?

Généralement, chaque groupe se rencontre deux fois par mois. La première réunion sert à planifier les recettes et à élaborer une liste d'achats, ce qui dure environ deux heures. Le deuxième rendez-vous permet de « popoter » pendant quelques heures de larges portions qui sont ensuite réparties entre participants, selon le nombre de bouches à nourrir.

La cuisine collective est donc un moyen de...

- pallier au manque de ressources ;
- améliorer son alimentation ;
- apprendre à cuisiner ;
- rencontrer des gens ;
- économiser du temps ;
- économiser de l'argent.

REGROUPEMENT DES
CUISINES COLLECTIVES
DU QUÉBEC

LE SAVIEZ-VOUS...

■ Certaines cuisines collectives s'approvisionnent directement auprès de fermes biologiques locales[46].

■ Le Regroupement des cuisines collectives du Québec (RCCQ) offre une foule de ressources pour nous aider à démarrer un projet[47]. Plus de 1 400 groupes existent déjà à travers tout le Québec.

UNE DETTE DIFFICILE À DIGÉRER

L'endettement est un phénomène qui se vit partout, à l'échelle des familles comme des nations. Au Québec, au Canada et partout dans le monde, il est à l'origine de stress important pour de nombreuses familles[48]. Le surendettement est une forme d'appauvrissement qui mène facilement des personnes comme des nations à l'insécurité alimentaire. Il est particulièrement lourd pour les pays les plus pauvres.

Au cours des trois dernières décennies, des milliards de dollars ont été empruntés à des institutions financières de pays riches au nom du développement des pays du Sud. Souvent dépensées dans des mégaprojets d'infrastructures ou dans l'armement, ces sommes ont peu bénéficié aux populations locales[49]. Aujourd'hui, le poids de cette dette pèse lourd sur la vie quotidienne de millions de personnes.

Des institutions internationales comme la Banque mondiale exercent de grandes pressions sur les pays en développement pour qu'ils accroissent leurs exportations et obtiennent ainsi les devises étrangères nécessaires au remboursement de leurs emprunts. Ainsi, plutôt que de veiller à répondre aux besoins de leurs populations, les pays pauvres orientent leurs activités économiques vers l'exportation en direction des pays riches. Ce jeu est piégé : en produisant de plus grandes quantités, la valeur du café, du sucre, du coton ou de toute autre matière première mise en marché baisse. Cela oblige les pays

LE SAVIEZ-VOUS...

■ Bien que la plupart des pays du Sud aient déjà remboursé plusieurs fois l'équivalent du montant initial de leur emprunt, ils croulent toujours sous leur dette à cause d'intérêts galopants. Ainsi, la dette extérieure publique des pays en développement a quadruplé ces 20 dernières années pour atteindre aujourd'hui plus de 2 600 milliards de dollars[50].

du Sud à produire toujours plus, pour recevoir au bout du compte toujours moins d'argent.

De son côté, le Fonds monétaire international (FMI) force les pays endettés à prendre part aux programmes d'ajustement structurel afin « d'assainir leurs finances ». En d'autres mots, on leur demande de réduire leurs dépenses publiques, ce qui se traduit par la privatisation de sociétés d'État et par des compressions budgétaires dans tous les domaines, notamment la santé et l'éducation. Pour parvenir à ces objectifs, les gouvernements tendent donc à réduire leur soutien aux paysans produisant les denrées alimentaires de base. Dans certains pays, le prix du pain, du maïs ou du riz a plus que triplé, donnant lieu à d'immenses manifestations.

CULTIVER POUR NOURRIR LES RICHES

L'endettement contribue à ce que les meilleures terres des pays du Sud servent à nourrir les marchés des pays riches plutôt qu'à alimenter les populations dans le besoin. L'Équateur en est un cas exemplaire. Ce pays est le plus grand exportateur de bananes au monde, alors que la malnutrition touche près de la moitié de la population locale[51].

Ainsi, l'Équateur a beau disposer de terres fertiles et bien irriguées de même que d'un climat doux favorable à l'agriculture, ce sont les cultures d'exportation de bananes, de fleurs coupées, de cacao, de riz, de café et de canne à sucre qui occupent la majorité des terres. Ce petit pays d'Amérique du Sud exporte également des crevettes et du poisson[52]. Malgré cette apparente abondance alimentaire, 23 % des enfants de moins de 5 ans souffrent de retards de croissance modérés ou graves[53]. C'est presque un enfant sur quatre. On sait maintenant que le manque d'aliments adéquats en quantité suffisante, de la naissance à l'âge de 5 ans, entraîne des séquelles à vie[54].

L'Équateur n'est malheureusement qu'un exemple parmi d'autres. Chaque année, des millions de tonnes de denrées alimentaires sont exportées des pays les plus pauvres, pour être vendues à faible prix dans les marchés du Nord. C'est ainsi que nous trouvons dans nos supermarchés des aliments d'Amérique latine, d'Afrique et d'Asie souvent moins chers que ceux produits au Québec. Ils ont pourtant parcouru des milliers de kilomètres avant d'atterrir dans nos épiceries.

L'exploitation des travailleurs d'Amérique latine, d'Afrique et d'Asie subventionne notre panier de provisions; leurs misérables salaires permettent de vendre les produits qu'ils cultivent à petits prix.

LE SAVIEZ-VOUS…
■ Selon l'Organisation internationale du travail (OIT), 75 % des enfants qui travaillent à travers le monde le font dans le secteur agricole. Ils sont 132 millions, filles et garçons, âgés entre 5 et 14 ans[55].

Sans terre à eux, les paysans se transforment en légions de travailleurs saisonniers. Des familles entières se déplacent de plantation en plantation. Des hommes, des femmes et des enfants travaillent du matin au soir à semer, désherber, arroser, tailler, cueillir et récolter des fruits et des légumes, du thé, du café, de la canne à sucre, etc. Dans ces conditions, rares sont les enfants qui peuvent poursuivre leurs études. Chacun doit travailler pour nourrir la famille. Et aussi paradoxal que cela puisse paraître, les régions rurales sont les plus touchées par la malnutrition : les trois quarts des sous-alimentés de la planète s'y trouvent[56].

Les vrais coûts de la banane

La banane est le fruit le plus consommé dans le monde[57]. À lui seul, le Canada en importe près de 471 330 tonnes par année[58]. S'il est possible de se procurer des bananes à un prix dérisoire dans nos épiceries, c'est qu'on ne paie pas les coûts environnementaux et sociaux engendrés par cette production[59].

LE SAVIEZ-VOUS…
■ Un Canadien moyen consomme 14 kg de bananes par année[60].

Au Costa Rica, certaines plantations de bananes utilisent jusqu'à 44 kg de pesticides par hectare, soit 16 fois plus que la quantité moyenne généralement utilisée en agriculture conventionnelle dans les pays industrialisés[61]. Plusieurs types de pesticides dont l'utilisation est interdite dans les pays du

Il est possible de produire autrement. Thelmo Japon, membre de l'association des petits producteurs de bananes El Guabo, Équateur.
(© Éric St-Pierre)

Nord sont appliqués par des travailleurs qui n'ont généralement pas accès à un équipement protecteur. Il arrive également que les plantations soient arrosées de pesticides par avion, alors que les travailleurs, dont des enfants, s'y trouvent sans protection.

Quelques milliers d'anciens travailleurs agricoles devenus stériles ou malades à cause des pesticides utilisés dans les bananeraies ont intenté des recours collectifs contre plusieurs entreprises multinationales, dont Dole, Del Monte, Chiquita, Dow, Shell et Occidental[62]. Celles-ci sont notamment accusées d'avoir fabriqué et utilisé le pesticide DBCB (nemagon) tout en connaissant ses effets dévastateurs sur la santé humaine. Cet organochloré est interdit d'utilisation aux États-Unis depuis 1978. On sait qu'il peut notamment provoquer la stérilité chez les hommes, des malformations congénitales chez les bébés ainsi que divers cancers[63]. Bien que certains procès aient été gagnés par les travailleurs, de nombreuses causes sont encore pendantes[64].

Interdits au Nord mais exportés au Sud

Chaque année, des pesticides dont l'utilisation est interdite dans les pays du Nord, à cause de leur trop grande toxicité, sont vendus en quantités massives au Sud, où pratiquement aucune loi ne régit leur utilisation. L'emploi de DBCB, de DDT, de paraquat et d'autres pesticides hautement toxiques s'y fait sans protection suffisante. Les Nations Unies estiment que plus de 25 millions de travailleurs agricoles sont empoisonnés par les pesticides chaque année et qu'au moins 70 000 en meurent[65].

Partir

Tentant d'échapper à la pauvreté des campagnes, des millions de paysans migrent vers les villes, où ils espèrent améliorer leurs conditions de vie. Mais faute de bénéficier d'une éducation suffisante pour pouvoir s'en sortir dans la jungle urbaine, un grand nombre aboutit dans des bidonvilles. Ces exilés constituent une main-d'œuvre de choix pour les *sweatshops*, ces fameuses usines où l'on fabrique avant tout des biens destinés à l'exportation. Les salaires y sont bas et les conditions de travail déplorables (exposition à des produits toxiques, heures et charges excessives de travail, intimidation de toutes sortes, absence d'avantages sociaux, etc.). Les paysans, venus en ville pour améliorer leur sort, tolèrent le pire, faute de mieux.

Il y a toujours l'espoir, surtout pour les jeunes, d'immigrer dans un pays riche et de réaliser l'*American Dream*. Bien que les accords de libre-échange facilitent la circulation des marchandises entre pays riches et pays pauvres, les gens, eux, ne peuvent pas traverser les frontières aussi facilement que les objets qu'ils fabriquent. Le « multinationalisme » est d'abord et avant tout réservé aux grandes entreprises.

EAU !

Sans eau, il n'y aurait tout simplement pas de vie sur la Terre. L'eau est partout. Notre corps en est constitué à plus de 60 %. Elle est dans tout ce que l'on mange et ce que l'on boit. Elle est essentielle à l'agriculture et à toutes les activités humaines[66].

Bien que 71 % de la surface de la planète soit recouverte d'eau, celle-ci est surtout salée. En fait, moins de 1 % du bleu liquide de notre planète est constitué d'eau douce accessible, la majeure partie étant emprisonnée dans les glaces. Ainsi, malgré son apparente abondance, l'eau est extrêmement précieuse et relativement rare compte tenu de son importance pour la survie de l'humanité.

L'agriculture et les activités industrielles sont les principales sources de pollution de l'eau. Des engrais, des pesticides, des composés chimiques, des métaux lourds, des produits nettoyants et des contaminants microbiologiques sont autant de composants qui peuvent transformer l'eau en poison. C'est d'ailleurs ce que font allègrement les compagnies gazières et pétrolières lors de l'extraction des sables bitumineux dans l'Ouest canadien[67]. La qualité des eaux du Québec pourrait elle aussi être affectée si cette industrie se lance dans l'extraction des gaz de schiste sans précaution[68].

Lorsque la qualité de l'eau potable diminue, ceux qui peuvent se le permettre se tournent alors vers l'eau embouteillée, une pratique qui pollue davantage (utilisation d'énergie, déchets, etc.). Ce marché, qui s'approvisionne en eau à même le bien commun, est en pleine expansion. Quelques multinationales dont Danone, Nestlé, Pepsico et Coca-Cola y font des affaires en or, en s'approvisionnant largement aux réseaux d'eau municipaux, notamment pour les marques Dasani et Aquafina. Elles y achètent l'eau déjà traitée, la soumettent à un procédé de filtration additionnel, l'embouteille et, finalement, nous la revendent mille fois plus chère qu'elles ne l'ont payée[69]. Ainsi, lorsque vous achetez de l'eau embouteillée Aquafina (Pepsico) vous achetez en fait de l'eau du robinet de la ville de Montréal[70] !

Comme l'explique Martine Chatelain, présidente de la Coalition Eau Secours!: «L'eau des aqueducs de nos villes québécoises est soumise à une réglementation stricte et à plusieurs tests qui garantissent sa qualité. Les usines d'embouteillage d'eau privée ne sont quant à elles soumises qu'à des inspections tous les trois à six ans environ. L'eau qui stagne des mois, parfois des années, dans des bouteilles en plastique, n'est donc pas un gage de qualité supérieure, bien au contraire!»

Au Québec, la Coalition Eau Secours! défend une gestion écologique et socialement responsable de ce bien commun. Dans son *Guide des communautés bleues*, elle fait la promotion de quatre principes: (1) le droit pour chaque être humain à l'accès à une eau de qualité; (2) le droit à une eau publique gérée collectivement et démocratiquement; (3) une eau sans bouteille sur le territoire public partout où cela est possible – le retour des fontaines publiques et des robinets extérieurs; (4) une eau exempte de fluorures.

LE SAVIEZ-VOUS...

■ 884 millions de personnes dans le monde n'ont pas accès à une eau potable de qualité et 2,6 milliards ne disposent pas d'installations sanitaires de base[71].

Aujourd'hui, la problématique de l'eau occupe une place centrale dans les grands débats sur l'avenir de l'humanité. De nombreuses organisations militent pour que «l'or bleu» devienne un bien commun de l'humanité et que son accès soit reconnu comme un droit fondamental pour tous. Chose faite puisque l'ONU a adopté en juillet 2010 une résolution dans laquelle elle déclare que «le droit à une eau potable salubre et propre est un droit fondamental, essentiel au plein exercice du droit à la vie et de tous les droits de l'homme». Même si cette résolution n'est pas juridiquement contraignante, il s'agit d'un geste symbolique important. À noter que cette résolution a été adoptée par consensus, mais avec 41 abstentions, venant surtout de pays industrialisés dont le Canada, les États-Unis et la Grande-Bretagne.

LE POUVOIR DES COMPAGNIES MULTINATIONALES

« À une époque, les Églises ont joué un rôle déterminant dans nos vies. Ensuite, ce furent les États. À présent, c'est au tour des entreprises. »

– Richard Parsons, président d'AOL Time Warner, 2002

Si l'argent mène le monde, comme on l'entend si souvent dire, les entreprises multinationales disposent des moyens nécessaires pour mener le bal au rythme de leurs propres intérêts. Surtout lorsqu'elles se regroupent pour influencer nos gouvernements, qu'elles dépensent des milliards en publicité pour nous convaincre que nous sommes ce que nous achetons ou qu'elles financent des études qui permettent de mieux manipuler l'opinion publique et les décideurs[72].

Comme l'explique Joël Barkan, professeur de droit et auteur du livre *The Corporation,* en parlant des compagnies multinationales : « Nous avons au cours des 300 dernières années construit de remarquables et efficaces machines à créer de la richesse, mais elles sont maintenant hors de contrôle[73]. » En leur permettant d'externaliser leurs coûts environnementaux et sociaux tout en privatisant leurs profits, nous avons laissé quelques grandes entreprises devenir plus puissantes que de nombreux États, sans pour autant qu'elles n'aient de comptes à rendre à la population via un quelconque processus démocratique.

> **LE SAVIEZ-VOUS…**
> ■ Walmart est le plus important acheteur et vendeur de nourriture à travers le monde[74].

Ainsi, depuis les dernières décennies, ces grandes entreprises sont parvenues à accroître leur influence, notamment en pesant de tout leur poids sur les accords de libre-échange, les politiques agroalimentaires, les réglementations fiscales (afin de payer le moins d'impôts et de taxes possible) et l'encadrement environnemental. Toujours dans le but de réduire leurs dépenses et de maximiser leurs profits. Elles ont donc un impact qui va bien au-delà des contours de notre assiette. Elles influencent toute la société, du local au global.

FIGURE 4.1

Chiffres d'affaires de quelques grandes entreprises
et produit intérieur brut (PIB) de quelques pays

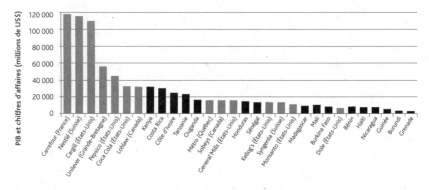

FIGURE 4.2

Chiffres d'affaires de Walmart
et produit intérieur brut (PIB) de quelques pays

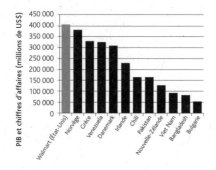

Sources: Rapports annuels de chaque compagnie disponible sur leur site Internet: Nestlé
(2009), Cargill (2010), Unilever (2009), Pepsico (2009), Coca Cola (2009), Kellog's (2009),
General Mills (2010), Monsanto (2010), Dole (2009), Syngenta (2009), Walmart (2010),
Carrefour (2009), Loblaw (2009), Sobeys (2009), Métro (2009) et Banque Mondiale, PIB (en
dollars US courants), 2009, <donnees.banquemondiale.org/indicateur/NY.GDP.MKTP.CD>.

Par définition, une firme multinationale est une compagnie possédant des filiales dans plusieurs pays. Dans le secteur
agroalimentaire, les plus grands joueurs ont leur siège social
dans un pays riche, la plupart aux États-Unis et en Europe.

L'objectif premier de ces entreprises est de faire croître leurs bénéfices. Au nom de la « rentabilité », elles ont donc tendance à déplacer leurs opérations là où les coûts de production sont les plus bas. Aussi, en s'installant ou en s'approvisionnant dans des pays où les salaires sont bas et la réglementation environnementale peu contraignante, tendent-elles à réduire leurs coûts de production et à augmenter leurs profits. Leurs opérations sont généralement de taille à permettre la réalisation d'économies d'envergure, en plus de gérer les risques du marché et l'information de manière optimale.

Plusieurs grandes firmes ont des ententes entre elles. Même si, en principe, elles sont en concurrence les unes avec les autres, on remarque qu'elles collaborent à de maintes occasions, parfois même pour la fabrication et la mise en marché d'un même produit. On s'aperçoit, par exemple, que les sandwichs à la crème glacée Oreo se trouvent dans la liste d'aliments vendus par Nestlé, même si la marque de biscuits du même nom appartient à Kraft. Il en est ainsi des produits transformés Del Monte, vendus au Canada par Kraft, sauf ses desserts glacés qui eux sont vendus par Nestlé.

Ce genre d'alliances stratégiques entre géants touchent tous les maillons de la chaîne alimentaire. Ainsi, du côté des semences, Monsanto, Syngenta et Dupont ont annoncé plusieurs partenariats pour des projets de recherche et de développement[75]. Sans compter qu'elles s'échangent des droits sur des brevets. Ce genre de stratégies les aide à agrandir et à consolider un marché qu'elles contrôlent, à elles trois, à 47 %[76]. Il se forme ainsi des oligopoles, pour ne pas dire des cartels, du champ jusqu'aux tablettes de nos garde-manger mondialisés.

Les oligopoles

Un oligopole est une forme de marché dominé par un nombre restreint de vendeurs pour un grand nombre d'acheteurs. Au cours des dernières décennies, nous avons assisté à une concentration des entreprises dans pratiquement tous les secteurs de l'économie, ce qui a favorisé l'émergence d'oligopoles à l'échelle de la planète[77]. Il en résulte qu'une poignée de grandes compagnies se partage la grosse part du gâteau (le marché), laissant les miettes aux nombreuses petites et moyennes entreprises.

Selon les recherches menées par ETC (Action Group on Erosion, Technology and Concentration), en 2008 cinq entreprises se partageaient 68 % du marché mondial des produits agrochimiques[78]. Ces mêmes entreprises dominent également celui des semences et des biotechnologies agricoles. Selon Keith Mudd, ancien président de l'Organization for Competitive Markets : « Le manque de compétition et d'inno-vation dans le marché a réduit les choix des agriculteurs et a permis à Monsanto d'augmenter ses prix sans encombre[79]. » Au cours de l'été 2008, la compagnie a augmenté le tarif de ses semences de maïs transgénique de 35 %. Ainsi, plus le pouvoir des entreprises agrochimiques se concentre, plus les agriculteurs deviennent vulnérables.

Cela vaut également pour les consommateurs, lorsque notre alimentation vient à dépendre d'un nombre de plus en plus restreint de compagnies liées les unes aux autres. Le contenu de notre assiette s'avère donc de plus en plus déter-miné par une poignée d'acteurs économiques qui collaborent entre eux. Dans ce contexte, la notion de « libre marché » se révèle fort relative, tant il n'y a plus de véritable concurrence et, donc, de choix véritable pour les consommateurs.

Le brevetage du vivant ou la biopiraterie

La biopiraterie est l'appropriation de savoirs ou de ressources génétiques par des individus ou des institutions qui, en obte-nant un brevet, acquièrent un contrôle exclusif sur ces res-sources et ces connaissances.

Imaginez que vous êtes un paysan du Punjab en Inde. Depuis des siècles, vos ancêtres ont cultivé la terre en semant les fruits de leur récolte précédente. Ils sont ainsi parvenus à obtenir une grande diversité de plantes qui sont aujourd'hui à la base de l'alimentation du continent. Ils ont sélectionné 200 000 variétés de riz, notamment le riz rouge, le riz brun,

Kiosque de l'Association sénégalaise de producteurs de semences paysannes.
(© Esperamos)

le riz noir et le riz basmati[80]. La culture de cette céréale indigène est devenue le moyen de subsistance de toute votre communauté.

Mais voilà que des scientifiques occidentaux viennent par chez vous et échantillonnent 22 variétés de riz basmati de votre région. De retour dans leur laboratoire aux États-Unis, ils puisent dans cette banque de gènes pour « créer » une nouvelle variété de riz, qu'ils brevettent comme étant leur invention, pour vous la revendre par la suite, ou simplement entrer en concurrence avec vous en produisant un riz basmati à haut rendement, *made in USA*.

Cela vous paraît surréaliste ? Pourtant, voilà ce qu'a fait la compagnie multinationale texane RiceTec en mettant au point une « nouvelle » variété de riz basmati à partir de plantes indigènes du Punjab[81].

LE SAVIEZ-VOUS...

■ Seulement trois compagnies multinationales détiennent 85 % des brevets sur le maïs transgénique et 70 % des brevets sur le maïs non transgénique[82]. Bien que les pays du Sud soient à l'origine de la majorité de la biodiversité agricole, ce sont des compagnies nord-américaines et européennes qui détiennent les droits sur la majorité des plantes brevetées.

La compagnie tire ainsi profit du savoir développé par les paysans de cette région pendant des siècles, sans qu'aucune redevance ne leur soit versée. Au contraire, les paysans doivent maintenant faire concurrence à des agriculteurs industriels qui se sont approprié le fruit de leur tradition. Sans compter que les paysans indiens qui souhaiteraient utiliser ces semences devront les acheter à grands frais auprès de la multinationale. En vertu de la loi, ils n'ont pas non plus le droit de conserver des grains pour la saison suivante puisque cette variété de riz a été brevetée, ce qui en fait une « propriété privée ».

Il y a quelques années, le gouvernement indien a cependant marqué un point en déposant à l'Office américain des brevets une demande de réexamen du brevet accordé à RiceTec. En vertu du jugement rendu, la compagnie n'a plus le droit d'utiliser le terme « basmati », et seulement trois de ses variétés de riz ont été reconnues comme des « inventions », rebaptisées *texmati*.

Cet exemple de brevetage du vivant illustre comment des compagnies multinationales s'approprient une partie du patrimoine agricole commun[83]. Depuis que l'Organisation mondiale du commerce (OMC) a reconnu le droit de breveter le vivant, les demandes de brevets ont explosé. Si les paysans indiens ont eu les moyens de se défendre et de gagner au moins partiellement leur cause, cela ne se déroule pas ainsi pour tous les cas de biopiraterie, même au Canada.

En 1999, Percy Schmeiser, un agriculteur de Saskatchewan, a été accusé par la firme Monsanto d'avoir utilisé, sans autorisation, des graines de canola *Roundup Ready* modifiés génétiquement. Alors que Schmeiser considère que ses champs ont été contaminés accidentellement par les semences de cultures voisines, la multinationale l'accuse d'avoir violé son

---

LE SAVIEZ-VOUS...

■ Bien qu'au cours des 30 dernières années le coût de la vie ait augmenté de 54 % au Canada, le revenu annuel moyen des agriculteurs a cru de seulement 36 %[84].

■ Cinq compagnies contrôlent 90 % du commerce mondial des céréales[85].

brevet. Reconnu coupable de contrefaçon par la Cour fédérale, Percy Schmeiser porte l'affaire devant la Cour suprême du Canada qui tranche finalement en faveur de Monsanto, qui a les moyens de se payer les meilleurs avocats. Ainsi, en 2004, cinq des neuf juges reconnaissent la validité du brevet sur le gène contenu dans les plants de canola génétiquement modifiés, ce qui renforce encore davantage l'emprise des multinationales sur les semences brevetées.

DES MULTINATIONALES PLEIN LE GARDE-MANGER

Afin d'éviter la concentration du pouvoir économique entre les mains d'une minorité, un nombre croissant de consommateurs conscientisés préfèrent éviter l'achat d'aliments provenant de compagnies multinationales. Voilà qui n'est pas toujours facile puisque les étiquettes sont généralement peu bavardes à ce sujet, surtout lorsque de petites entreprises se font avaler par des grandes.

C'est le cas de la confiture Double Fruit, autrefois propriété de l'entreprise beauceronne Culinar, qui a été vendue à la multinationale américaine J. M. Smucker[87]. Que dire aussi des crèmes glacées Ault, rachetées par Nestlé, qui dans ce rayon détient déjà les marques Frisco, Parlour, Drumstick, Häagen-Dazs, La vraie crème et Dibs. Dans le rayon des chips, il est difficile de savoir que la marque Miss Vicky appartient en fait à Pepsi, au travers de sa filiale Frito-Lay. Chaque jour, des entreprises locales passent aux mains de géants de l'agroalimentaire qui prennent leurs décisions bien loin des communautés qui s'en trouvent affectées.

Force est d'admettre que les multinationales s'infiltrent dans nos vies dès nos premières bouchées de la journée. Vous avez mangé des céréales ce matin ? Étaient-ce des Corn Flakes, des Froot Loops, des Frosted

LE SAVIEZ-VOUS...
◼ Les 30 plus grandes chaînes de distribution alimentaire au monde contrôlent à elles seules un tiers des ventes en épicerie[86].

LE SAVIEZ-VOUS...
◼ Un enfant américain voit en moyenne 30 000 publicités par année seulement à la télévision[88].

Flakes, des Rice Krispies, des Raisin Bran, des Special K, des Müslix, des Healthy Choice? Si oui, vous avez fait affaire avec Kellogg dont le siège social est au Michigan. Si votre rôtie était tartinée de Philadelphia, de Cheez Whiz ou de confiture Pure, vous avez acheté une marque Kraft, elle aussi américaine. Vous avez bu un jus d'orange Tropicana? Pepsi en est le fabricant. Comme vous le verrez un peu plus loin (voir les tableaux, p. 168-171), les listes sont longues!

L'intégration verticale

L'intégration verticale survient quand une même entreprise contrôle toute la route d'un produit, de sa production à sa mise en marché. La multinationale Dole, par exemple, possède et opère plus de 60 700 hectares de terrains à travers le monde (607 km²), soit une superficie presque équivalente à quatre fois un petit pays comme le Liechtenstein[89]. En plus de gérer ses propres plantations, où elle cultive des bananes, des ananas et d'autres fruits et légumes, Dole est aussi propriétaire de diverses compagnies de transport, de transformation et d'emballage. Elle possède ses propres entrepôts à partir desquels elle effectue la mise en marché et la distribution sur tous les continents. Ainsi, elle vend plus de 200 produits dans 90 pays[90].

L'intégration horizontale

L'intégration horizontale, quant à elle, est un processus par lequel une entreprise devient propriétaire de ses principaux concurrents jusqu'à détenir le quasi monopole d'un segment important du marché d'un produit donné. Dans le cas du café, par exemple, la multinationale américaine Kraft tire profit de la vente des marques Maxwell House, Carte noire, Nabob, Sanka, Yuban, General foods International Coffee, Kenco, Jacobs, Gevalia, Tassimo, Rappor, Mellow Bird's, Café Hag, Jacques Vabre, Grand'Mère, Velours noir, Café privilège, Nova Brasilia et Maxim. En 2010, Kraft était également responsable de la mise en marché des cafés de Seattle Best dans les épiceries. La vue de toutes ces marques sur les tablettes de nos épiceries donne l'impression qu'elles sont en concurrence les unes avec les autres, ce qui est loin d'être le cas. Il s'agit d'une stratégie qui permet d'augmenter les ventes.

Les supermarchés

La concentration alimentaire ne concerne pas seulement les producteurs agricoles et les entreprises de transformation. Elle touche aussi le secteur de la distribution. Ainsi en 2009, les différentes bannières de Sobeys, Métro et Loblaw se partageaient ensemble 68 % du marché alimentaire québécois[91]. Cette donne pourrait bien être transformée d'ici 2012 par l'implantation d'une quarantaine de « supercentres » Walmart qui offriront bientôt des produits alimentaires.

LE SAVIEZ-VOUS...

■ En 2009, les ventes alimentaires au Québec totalisaient 23,1 milliards de dollars.

FIGURE 4.3

Part de marché des principaux distributeurs alimentaires au Québec

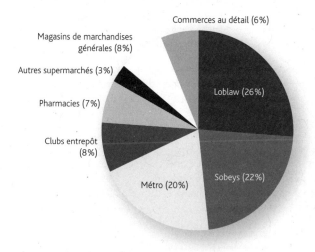

Source : Ministère de l'Agriculture, des Pêcheries et de l'Alimentation du Québec (MAPAQ), transformation et distribution alimentaires, statistiques, part de marché des principaux distributeurs alimentaires au Québec, 2009-2010, <www.mapaq.gouv.qc.ca/fr/Transformation/md/statistiques/distribution/Pages/distribution.aspx>.

À QUI APPARTIENNENT LES ÉPICERIES ?

LOBLAW

Atlantic Superstore	Independant	Real Canadian
Axep (magasin affilié indépendant)	Intermarché (magasin affilié indépendant)	Liquorstore
Dominion Stores	Loblaw's	Save Easy
Extra Foods	Maxi et Cie	Super Value
Fortino's	No Frills	T and T Supermarket
Freshmart	Provigo	Value Mart
George Weston	Real Canadian Superstore	Wholesale Club
		Your Independant Grocer
		Zehrs

Source : <www.loblaw.ca/fr/consommateurs_emplacements.html>.

SOBEYS

Foodland	Lawton Drugs	Price Chopper
Fresh Co.	Lumsden Brothers	Rachelle Berry
IGA	Marché Boni-Choix	Sobeys
IGA Extra	Marché Tradition	Thrifty Foods
	Needs Convenience	TRA Atlantic

Source : <www.sobeyscorporate.com/en/Home.aspx>.

MÉTRO

Brunet	Drugs Basic Pharmacy	Food Basics
Brunet Plus	Marché AMI	GP
Clini plus	Marché Extra !	Les 5 Saisons
Dépanneurs Service, Service-Express et GEM	Marché Richelieu	Pharmarcy
	McMahon	Super C
	Métro	

Source : <www.metro.ca/corpo/accueil.fr.html>.

De ces trois grands joueurs, seul Métro a son siège social au Québec.

À LA RECHERCHE D'UNE BONNE CONSCIENCE OU DE NOUVEAUX MARCHÉS ?

Avez-vous remarqué que de plus en plus de grandes entreprises se lancent dans la mise en marché de produits biologiques ou équitables ?

C'est le cas de General Mills qui a racheté l'entreprise de produits biologiques Small Planet Foods[92]. Cette dernière prépare et distribue tous les aliments à base de tomates Muir Glen, de même que les préparations et les légumes surgelés Cascadian Farm[93]. Le tout, certifié bio. General Mills était déjà propriétaire de Cheerios, de Robin Hood et de Lloyd's, pour ne nommer que quelques étiquettes. Contrairement à ce qui se passe pour ses marques conventionnelles, le nom de l'entreprise n'apparaît pas sur sa ligne biologique.

L'attitude est tout autre chez McDonald's en Suisse depuis que ses restaurants, au nombre de 150 maintenant, offrent du café équitable d'un bout à l'autre du pays[94]. L'entreprise n'hésite pas à se draper de la cause en arborant fièrement le sceau de certification équitable Max Havelaar. C'est ce que font d'ailleurs la plupart des entreprises qui sont fières d'améliorer certains de leurs comportements, même si, de manière générale, leur course aux profits reste au cœur de nombreux problèmes environnementaux et sociaux.

Même Walmart vend maintenant des produits équitables, biologiques et écologiques sans pour autant que l'entreprise en adopte les valeurs puisque ses bénéfices faramineux proviennent en grande partie de l'externalisation des coûts environnementaux et sociaux qu'elle génère. Car si Walmart parvient à offrir de tels bas prix, c'est en grande partie en sous-payant ceux et celles qui travaillent pour elle, d'un bout à l'autre de la planète. Quant à son impact environnemental ? Certes, l'entreprise cherche à mettre en place des mesures qui permettent de réduire ses émissions de gaz à effet de serre et son empreinte écologique, mais il n'en demeure pas moins que Walmart fait tout pour encourager la surconsommation, première cause de la crise environnementale actuelle.

Ainsi, bien qu'il soit préférable d'éviter de faire ses achats auprès de compagnies multinationales afin de préserver la diversité de notre économie, une fois les deux pieds sur le parquet du magasin, le choix de produits équitables et biologiques demeure malgré tout un moindre mal.

Certains défenseurs de la consommation éthique soutiendront d'ailleurs que c'est le commerce équitable et l'agriculture biologique qui infiltrent le territoire des multinationales et non l'inverse. Pour eux, il est nécessaire de rejoindre les consommateurs là où ils se trouvent afin de faire croître le marché et donc de soutenir des pratiques plus écologiques et socialement responsables.

Les décisions prises par les grandes entreprises peuvent parfois avoir un impact immense sur le développement de pratiques alternatives, même avec un seul produit. Ainsi, lorsqu'en 2009 Cadbury a annoncé que sa tablette de chocolat Dairy Milk serait fabriquée avec du cacao équitable, pour son marché en Grande-Bretagne, en Irlande, en Australie et en Nouvelle-Zélande, le Ghana a vu tripler ses ventes de cacao équitable[95]. Depuis le mois d'août 2010, ce produit est également disponible au Canada, à un prix étonnamment comparable aux marques conventionnelles, même s'il est certifié équitable[96]. Cadbury, récemment racheté par Kraft, affirme ainsi contribuer à l'amélioration des conditions de vie de 60 000 producteurs de cacao au Ghana et à celle de 6 000 producteurs de canne à sucre au Bélize[97]. Il faut dire que près de 22 millions de Dairy Milk sont vendues au Canada chaque année, de quoi faire doubler les ventes de chocolat équitable en une décision[98].

DU COMMERCE ÉQUITABLE, SVP !

« *Fair Trade not Free Trade* » (Commerce équitable, pas libre commerce), scandaient des manifestants dans les rues de Seattle lors de la rencontre ministérielle de l'OMC tenue au mois de novembre 1999. Depuis, la même scène s'est répétée à maintes reprises lors de rencontres internationales, dont à

Manifestation pour l'ouverture du Forum social de Dakar en 2011.
(© Esperamos)

Québec lors du troisième Sommet des Amériques sur la Zone de libre-échange des Amériques (ZLÉA). S'il est vrai que chacun manifeste pour des raisons variées, tous semblent ressentir l'urgence d'agir pour que le commerce international se fasse dans le respect de tous les citoyens et de l'environnement. De Porto Alegre à Dakar en passant par Montréal et Saint-Jean, tous réclament une mondialisation équitable.

Encore relativement peu développé au Québec comparativement à l'Europe, le commerce équitable est un moyen d'améliorer les bénéfices de petits producteurs et d'artisans, autrement marginalisés. Il se pratique pour l'instant à relativement petite échelle et seulement avec une poignée de produits, mais gagne en popularité. Grâce à la demande des consommateurs et à l'engagement de commerçants, il est maintenant possible de trouver du café et d'autres produits certifiés équitables un peu partout à travers le Québec, dans de petites comme de grandes épiceries et chez de plus en plus de restaurateurs. Café, thé et tisane variés, sucre, chocolat, cacao, bananes, mangues, biscuits, vin, confiture, savons et cosmétiques, produits à base de coton, épices et herbes, fleurs, fruits séchés, huile d'olive, karité, quinoa, riz, sauces, artisanat et même ballons de sport sont autant de produits disponibles sur le « marché équitable »[99].

Le commerce équitable s'appuie sur des principes d'éthique sociale et environnementale. Il mise sur la justice et non la charité. Les acheteurs s'approvisionnent le plus directement possible auprès de coopératives de petits producteurs ou d'entreprises ayant fait preuve d'un grand engagement auprès de leurs travailleurs qui doivent être regroupés et représentés au sein d'associations démocratiques. Des ententes sont prises à l'avance entre acheteurs et vendeurs afin d'assurer, au-delà des cours de la Bourse et de la spéculation, un prix décent aux paysans et aux travailleurs.

Dans le cas du café, par exemple, durant la crise des années 2002-2003, le prix payé aux producteurs était le double de ce qu'ils auraient reçu sur le marché conventionnel[100]. De manière générale, le commerce équitable garantit aux producteurs de café un prix minimum de 1,25 $US la livre (auquel s'ajoutent dix sous par livre qui reviennent à l'organisation pour la mise sur pied de projets collectifs). Lorsque les cours mondiaux dépassent ce prix, les acheteurs équitables s'engagent à offrir un prix d'au moins 10 cents au-dessus du prix du marché, ou de 30 cents pour un café qui est, de plus, biologique. Cela permet aux familles de subvenir à leurs besoins, tout en mettant sur pied leurs propres projets de développement, que ce soit en matière de santé, d'éducation ou autre, selon les décisions de la communauté. La certification équitable requiert aussi que les modes de production soient respectueux de l'environnement.

LE SAVIEZ-VOUS...

■ À l'échelle de la planète, 827 organisations de producteurs sont actuellement certifiées équitables dans 58 pays, ce qui représente 1,2 million de paysans et de travailleurs.

■ Les ventes de produits certifiés équitables par FLO/TransFair au Canada ont augmenté de 67 % entre 2007 et 2008, et de 22 % à l'échelle internationale[101].

Un exemple de coopérative

Dans les montagnes d'Oaxaca, dans le sud du Mexique, les autochtones de l'*Unión de Comunidades Indígenas de la Región del Istmo* (Union des communautés autochtones de la région de l'Isthme, UCIRI) se sont regroupés en coopérative afin d'exporter directement leur café certifié biologique et équitable en Europe et en Amérique du Nord[102]. Ils vendent également sur le marché local. Ensemble, ils ont mis un frein au monopole et à l'exploitation des intermédiaires locaux dont ils dépendaient non seulement pour la vente de leur café, mais aussi pour l'emprunt d'argent et le transport de marchandises. Le soutien de certains organismes de commerce équitable a aidé les paysans à acquérir les connaissances et à développer les infrastructures nécessaires à l'exportation de leur café. À ses débuts en 1983, l'UCIRI regroupait une centaine de familles au sein de quelques communautés de la région. Aujourd'hui, les familles sont plus de 2 800 dans une cinquantaine de villages[103]. Sans compter que cette coopérative a su inspirer la création de nombreuses autres entreprises

Réunion des membres de la coopérative de café équitable UCIRI du village de Guadalupe dans l'État d'Oaxaca, Mexique. (© Éric St-Pierre)

d'économie sociale du même genre dans tout le Mexique et au-delà de ses frontières.

Les gens d'UCIRI ont bâti plusieurs projets. Ils ont en outre mis sur pied un centre de santé communautaire, un centre de formation en agriculture biologique, des coopératives d'alimentation, ainsi qu'une diversité d'autres projets répondant aux besoins des familles et respectant leurs valeurs. L'une des grandes forces du commerce équitable est de promouvoir l'auto-développement (l'*empowerment*), et donc d'aider à l'épanouissement d'une communauté en facilitant son autonomie.

Savoir lire les étiquettes

Bien qu'il soit possible de trouver sur le marché toutes sortes de produits alimentaires aux mentions éthiques variées, il est parfois difficile de s'y retrouver. Voici quelques éléments d'information pour nous aider à faire des choix qui contribuent à une plus grande justice économique.

« Certifié équitable »

D'après un sondage Léger Marketing, réalisé pour le compte d'Équiterre, près de la moitié des consommateurs qui choisissent des produits équitables considèrent qu'il est difficile de bien les identifier[104]. Il faut dire que, contrairement à l'utilisation du terme « biologique », celui d'« équitable » n'est pas réglementé au Canada ; il ne s'agit donc pas d'une appellation contrôlée. Afin de s'assurer qu'un produit alimentaire est bel et bien équitable, mieux vaut trouver un des sceaux de certification reconnus[105].

TransFair Canada

Au Canada, la principale organisation de certification équitable est TransFair Canada[106]. Elle est membre du Fair Trade International (FLO), qui regroupe 24 initiatives de certification nationale dont les TransFair et les Max Havelaar de divers pays[107]. La FLO établit les normes de certification équitable adaptées à chaque type de production ou de fabrication. Elle surveille leur application grâce à ses mécanismes de certification, et ce, du pays producteur  jusqu'aux tablettes de nos épiceries. Elle s'assure aussi que les producteurs reçoivent bel et bien le prix minimum garanti pour leurs denrées, ou idéalement plus, et que tous les autres critères sont respectés.

 Pour obtenir une certification équitable, les produits doivent provenir d'une organisation économique démocratique (généralement une coopérative). Celle-ci doit réinvestir une partie des bénéfices dans des projets de développement communautaire. De leur côté, les agriculteurs doivent pratiquer une agriculture écologique, bien qu'elle ne nécessite pas de certification biologique.

Quant aux acheteurs, en plus de payer un prix supérieur au cours du marché, ils sont tenus de fournir des prêts à faibles taux d'intérêt aux organisations qui le demandent. Le commerce doit être le plus direct possible, le plus équitable possible, et favoriser le développement de relations à long terme.

Ecocert ESR

Depuis quelques années, deux nouveaux sceaux de certification équitable crédibles sont visibles sur certains produits alimentaires importés au Canada. Il s'agit des logos de l'organisme de certification biologique Ecocert. Le logo ESR pour « équitable, solidaire et responsable » est  appliqué sur des produits alimentaires, cosmétiques et textiles qui répondent à la fois à des critères d'agriculture biologique et à ceux du commerce équitable[108]. Les critères sociaux, économiques et environnementaux définis dans le cahier des charges sont contrôlés tout au long de la filière.

Fair for Life

En 2006, l'Institute for Marketecology (IMO) et la Bio-Fondation de Suisse se sont associés pour créer le sceau « Fair For Life » dans le but de certifier une vaste gamme de produits agricoles non seulement dans les pays du Sud, mais également dans ceux du Nord. Leurs critères de certification sont basés sur les normes de l'Organisation internationale du travail (OIT) des Nations Unies, du standard de responsabilité sociétale SA 8000 ainsi que sur des critères sociaux de l'organisme de certification biologique International Foundation for Organic Agriculture (IFOAM)[109]. Au Canada, pour l'instant, seuls quelques produits cosmétiques, thés et tisanes arborent ce logo[110].

Rainforest Alliance Certified

La certification de la petite grenouille a été mise au point par le Sustainable Agriculture Network (SAN-Réseau d'agriculture durable), un réseau de groupes de protection de l'envi- ronnement administré par l'ONG Rainforest Alliance installée à New York[111]. Le but de cette initiative est d'avoir un impact sur la plus grande superficie agricole possible dans les régions tropicales particulièrement riches en biodiversité. Cette certification tient compte de critères à la fois sociaux, environnementaux et économiques, les trois piliers du développement durable. Les normes de la certification Rainforest Alliance sont cependant moins sévères que celles qui régissent les certifications biologiques (en termes de critères environnementaux) et équitables (en termes de critères sociaux)[112].

LES COMPAGNIES AGROALIMENTAIRES

Il faut jouer au détective pour deviner de quelles compagnies nous achetons vraiment nos produits d'alimentation et donc savoir à qui nous donnons une partie de notre argent. Si acheter est bel et bien une manière d'exercer un certain pouvoir politique, nous sommes souvent forcés de voter à blanc, tant il est difficile de décoder l'identité des oligopoles qui se cachent derrière les grandes marques envahissant notre quotidien.

Aucune loi n'oblige les entreprises à indiquer l'emplacement de leur siège social. En théorie, elles sont tenues d'écrire le nom et l'adresse d'une entité « responsable », mais les coordonnées de l'emballeur suffisent pour satisfaire à ce critère.

L'univers des compagnies multinationales est complexe et en perpétuelle transformation. Chaque jour, des milliers d'actions s'achètent et se vendent à un rythme effréné. Certaines compagnies font faillite, d'autres sont reprises par des concurrents ou rachetées en partie seulement. Pour être au courant de ce qui se passe dans le monde des affaires agroalimentaires, il ne suffit pas de suivre les mouvements de l'économie à la loupe, car toutes les transactions ne sont pas rendues publiques.

Qu'est-ce qui appartient à qui ?

Afin de mieux s'y retrouver parmi ces géants alimentaires, voici quelques-unes de leurs marques. Les mêmes produits ne sont pas toujours mis en marché par les mêmes compagnies selon les pays où ils sont vendus, voilà pourquoi il arrive que la même marque se retrouve sous deux noms de compagnies différentes. Ces listes sont en perpétuel changement et ne sont pas exhaustives. Pour plus de détails, mieux vaut fouiller régulièrement les sites Internet de ces multinationales, et, encore là, toutes les marques n'y sont pas nécessairement répertoriées.

KRAFT

A 1 Steak sauce
Alpen gold
aMOOza !
Bagel-fuls
Baker's Chocolate
BarBQ sauces
Barnum's
Bits and Bites
Breakstone's
Bubbaloo
Bull's Eye BBQ Sauce
Cadbury
Capri Sun
Caramels Kraft
Carte Noire
Certo Pectin Products
Cheese Bits
Chesse Nips
Cheeze Whiz
Chips Ahoy !
Chunk Ahoy !
Christie Snacking
    Crackers
Christie Sour Cream and
    Chives Snack Crackers
Claussen Pickles
Club Social
Coffe Breaks
Confitures de fruits Kraft
Cool Whip
Côte d'Or- Country Time
    Beverages
Cracker Barrel- Crispers
    Baked Snacks
Crystal Light
Cadbury Dairy Milk
Dad's Cookies

Delissio Pizza
Del Monte
Deluxe
Dentyne
Dream Puffs
Dream Whip
Flake
Fudgee-O
General Foods
    International
Gevalia
Grand Mere
Green & Blacks
Handi-Snacks
Halls
Hollywood Gum
Honey Maid
Jacobs
Jell-O
Jet-Puffed Marshmallows
Kenco
Kool-Aid
Lacta
Lu
Oscar Mayer Lunchables
Magic Baking Powder
Magic Moments Pudding
Mapple Leaf Cookies
Marabou
Maxwell House
Milka
Miracle Whip
Mr. Christie's
Nabisco
Nabob
The Natural Confec-
    tionery Company

Newtons
Nilla
Nutter Butter
Onko
Oreo
Oscar Mayer
Peek Freans
P'tit Québec
Philadelphia
Planters
Polly-O
Premium
Prince
Rice Thins
Ritz
Royal
Sauces à salade Kraft
Shake'n Bake
Simmenthal
Singles
Snackwell's Crackers
South Beach Living
Stimorol
Stoned Wheat Thins
Stove Top
Sugar in the Raw
Sweet'n Low
Tang
Tassimo-Teddy Graham
Terry's Chocolate
Toblerone
Trakinas
Trident
Triscuit
Velveeta
Wheat Thins

Sources : <www.kraftfoodscompany.com/Brands/index.aspx>,
<www.kraftcanada.com/en/Products/ProductMain.aspx>.

NESTLÉ

Aero
After Eight
Baci
Boost
Buitoni
Butterfinger
Cailler
Carnation
Cat Chow
Cheerios
Chef
Coffee Crisp
Coffee-Mate Carnation
Crunch
Delissio
Drumstick
Frutips
Gerber
GoodHost
Häagen-Dazs
Juicy Juice

KitKat
Lean Cuisine
Mackintosh's Scots Clan
Maggi
Milo
Mirage
Nescafé
Nescafé Encore
Nescafé IceJava
Nescafé Mélange
   d'origine
Nescafé Mousseux
Nescafé Riche
Nescafé Taster's Choice
Nesquik
Nestea
Nestum
Nido
Nutren
Parlour
Peptamen

Perrier
Perugina
Poland Spring
Power Bar
Pure Life
Purina
Quality Street
Rollo
San Pellegrino
Smarties
Stouffer's
Taster's Choice
Thomy
Turtles
Vittel

Autres produits:
Fancy Feast
Friskies
L'Oréal, etc.

Sources: <www.nestle.com/Brands/Pages/Brands.aspx>,
<www.nestle.ca/fr/Products/index>, <www.nestle.ca>.

GENERAL MILLS

Betty Crocker
Big G Cereals
Bisquick
Bugles
Cascadian Farm
   (aliments
   biologiques)
Cheerios
Chex
Cinnamon Toast Crunch
Diabolito Underwood
Fiber One
Frecarini
Gardetto's

Gold Medal
Good Earth
Green Giant (Géant Vert)
Häagen-Dazs
Hamburger Helper
Jus-Rol
Kix
Knack and Back
La Saltena
Larabar
Latina
Lucky Charms
Macaroni Grill

Monsters
Muir Glen (aliments bio)
Nature Valley
Old El Paso
Pillsbury
Pillsbury Ata
Progresso
Total
Totino's/Jeno's
Trix
V. Pearl
Wanchal Ferry
Wheaties
Yoplait

Sources: <www.generalmills.com>, <www.generalmills.com/Brands.aspx>.

PEPSICO

3D's
7up
AMP Energy
Aquafina
Aunt Jemina
Baken
Cap'n Crunch
Cheetos
Chester's Popcorn
Cracker Jacks
Cream Soda
Crisp'ums
Doritos
Double Shot
El Isleno
Frappuccino Coffee Drink
    (entente avec
    Starbucks)
FritoLay
Fritos
Frost
Funyons
Gamesa Cookies
Gatorade
Grandma's Cookies

Harvest Crunch
Hickory Sticks
Hostess
Juice Bowl
Jus Dole (entente avec
    Dole)
King Vitaman
Lay's
Life
Lipton
(entente avec Unilever)
Looza
Matador
Maui Style
Miss Vicky
Mother's Natural Foods
Mountain Dew
Mug Root Beer
Munchies
Munchos
Naked Juice
Near East
No Fear
Ocean Spray
Pasta Roni

Pepsi-Cola
Propel
Puffed Wheat
Quaker (tous les
    produits)
Quisp Cereal
Rice-A-Roni
Rold Gold Pretzels
Root Beer
Ruffles
Sabritones
Santitas
Seattle's Best Coffee
Sierra Mist
Slice
Smartfood
Smith
SoBe
Spudz
Stacy's
Sunchips
Tazo
Tostitos
Tropicana
True North

Source: <www.pepsico.com>.

KELLOGG'S

All-Bran
Apple Jacks
Cocoa Krispies
Complete
Corn Flake Crumbs
Corn Flakes
Corn Pops
Cracklin'Oat Bran
Crispix
Crouettes Stuffing Mix

Eggo Waffles
Fiber Plus
Froot Loops
Frosted Flakes
Loma Linda
Mini Wheats
Morningstar Farms
Mueslix
Natural Touch
Nutri-Grain

Pop-Tarts
Product 19
Raisin Bran
Rice Krispies
Rice Krispies Treats
Smacks
Smart Start
Snack Pak
Snack'Ums
Special K
Worthington

Sources: <www.kelloggs.com>, <//www2.kelloggs.com/ProductLanding.aspx>.

COCA-COLA

A&W	Canada Dry	Hit
Ades	Caprice	Horizon
Alive	Carvers	Huang
Ambasa	Cheers	Ice Dew
Andifrut	Ciel	Illy Cafe
Andina Nectar	Citra	Inca Kola
Aqua	Coca-Cola (Coke)	Lift
Aquactive	Cristal	Mello Yello
Aquana	Crush	Mickey Mouse
Aquarius	Crystal	Minute Maid
Aqvaris	Dannon	Mr Pibb
Bacardi Mixers	Dasani	Nagomi
Barq's	Dr Pepper	Nescafe (certains pays)
Beat	Eight O'Clock	Nestea (certains pays)
Beverly	Fanta	Odwalla
Bibo	Five Alive	Schweppes
Bimbo	Fresca	Seagrams
Bimbo Break	Frescolita	Seasons
Bistrone	Freskyta	Sprite
Bonaqua/Qa	Frestea	Squirt
BPM	Frisco	Tropical
Bright And Early	Fruitopia	Urge
Burn	Georgia	Vita
Buzz	Gini	Vital
Calypso	Hi-C	Wink

Sources: <www.cocacola.com>,
<www.thecoca-colacompany.com/brands/product_list_c.html>.

UNILEVER

Becel	Marmite	Dove
Ben & Jerry's	Mazola	Lever 2000
Blue Bonnet	Popsicle	Lifebuoy
Breyer's	Ragù	Lux
Brooke Bond	Red Rose	Organics
Bru	Salada	Pond's
Hellmann's	Skippy	Q-Tips
I can't Believe it's not	Slim-Fast	Suave
Butter	Wish-Bone, etc.	Sunlight
Imperial		Sunsilk
Klondike	**Autres produits:**	Surf
Knorr	Axe	Vaseline
Lipton Tea	Degree	Vim

Sources: <www.unilever.com>, <www.bestfoods.com>,<www.unilever.ca/brands/>.

Consomm*Action*

■ J'évite le gaspillage. Planifier les menus et congeler les restes sont quelques moyens d'y parvenir.

■ Je réduis ma consommation de viande et celle que je choisis est biologique ou provient d'un petit éleveur d'ici.

■ Je favorise le commerce équitable. Je choisis des produits certifiés équitables.

■ Je prends part à un projet d'agriculture soutenue par la communauté (ASC), qui constitue une forme de commerce équitable à l'échelle locale (voir chapitre 2).

■ Je bois l'eau du robinet et je remplis une bouteille que je transporte avec moi afin d'éviter d'avoir à en acheter.

■ Je favorise l'achat de denrées provenant d'entreprises d'économie sociale et solidaire, de coopératives et de petites compagnies locales. Je privilégie l'achat de produits du terroir et de microbrasseries.

■ J'évite d'encourager les compagnies multinationales.

■ Je m'informe ! Je me renseigne sur les agissements des entreprises. Je prends le temps de leur écrire pour leur faire part de mes opinions.

■ Je lis les étiquettes et je me tiens au courant de l'actualité locale et internationale.

■ Je cuisine et j'apprends cet art à d'autres, surtout aux enfants.

■ Je m'ouvre sur le monde en regardant des documentaires et en créant des liens avec des gens d'ici et d'ailleurs, de manière à mieux comprendre la complexité des enjeux qui nous relient les uns aux autres.

■ Je fais des pressions auprès des compagnies afin qu'elles mettent en pratique le commerce équitable au sens large et qu'elles offrent des produits certifiés équitables. Je peux aller sur leur site Internet pour leur envoyer un courriel ou simplement utiliser le numéro 1-800 qui se trouve sur la plupart des emballages.

■ Je fais connaître mes opinions aux élus et aux médias. Je peux envoyer des textes aux journaux et prendre part aux lignes ouvertes.

■ Je participe aux activités des organismes qui défendent mes valeurs et je les soutiens.

■ Si je détiens des actions dans une compagnie, je peux pratiquer le militantisme d'actionnaire. Il s'agit de prendre la parole ou de soumettre des propositions progressistes lors des assemblées générales afin d'agir sur certaines pratiques de ces entreprises.

■ Je fais des investissements responsables.

■ Je m'implique politiquement.

En choisissant des aliments Justes...

■ Je contribue à un partage plus équitable des ressources.

■ Je lutte contre la pauvreté.

■ J'encourage des gens à se prendre en main.

■ Je pose un geste solidaire.

FAIRE DE NOTRE ASSIETTE UN PROJET DE SOCIÉTÉ

« Nous devons être le changement que nous souhaitons voir dans le monde. »

– Gandhi

Le moment est presque venu de quitter la table. Alors que l'on croyait notre alimentation riche et diversifiée, en y regardant de près, on s'aperçoit que la monoculture s'impose du champ à la table.

Dans les campagnes, il y a...

moins de fermes
        plus d'industries agricoles
moins d'emplois
        plus d'investisseurs déconnectés
moins de paysans
        plus d'entrepreneurs insatiables
moins de diversité animale et végétale
        plus d'uniformité
moins d'animaux dehors
        plus de bâtiments sans fenêtre
moins de diversité d'espèces
        plus de machines, d'OGM, de pesticides, d'engrais
        chimiques

Ci-contre : Colin fait du pain. (© Esperamos)

moins d'air pur
        plus de dépendance
moins d'eau saine
        plus de technologies polluantes
moins de petits magasins
        plus de voitures.

À l'épicerie, il y a...

plus de marques
        moins d'entreprises indépendantes
plus d'aliments standardisés, d'additifs alimentaires,
d'OGM, de résidus de pesticides, d'antibiotiques
et d'emballages
        moins de produits vraiment naturels et locaux
plus de gens pressés
        moins de relations humaines.

Un peu partout, il y a

plus de gaspillage, de pollution,
d'inégalités sociales et économiques.

Bref, l'assiette est à l'envers.

À qui la faute ? À tout le monde et à personne. La problématique est complexe et enchevêtre plusieurs enjeux. Les quatre chapitres de ce livre mettent en lumière de graves problèmes pour lesquels il n'existe malheureusement pas de solution miracle, mais de multiples moyens d'action. Additionnés les uns aux autres, nos gestes individuels et collectifs contribuent à faire tourner notre système agroalimentaire un peu plus « juste ».

Notre économie s'emballe et s'épuise ; chacun veut payer le moins cher possible mais en avoir toujours plus pour son argent. On se renvoie la responsabilité, du consommateur au producteur, en passant par tous les intermédiaires, y compris les gouvernements. C'est ainsi que les pressions sur la terre et ceux qui la cultivent s'accentuent sans cesse.

Parallèlement à leurs beaux discours, les grandes entreprises cherchent à réduire leurs coûts, souvent au détriment
des travailleurs et de l'environnement. Les consommateurs
aussi veulent payer moins cher. Dès l'enfance, nous sommes
en quelque sorte conditionnés à chercher les bas prix. Le hic,
c'est que les coûts environnementaux et sociaux n'apparaissent pas sur notre facture d'épicerie. Les cours d'eau contaminés, l'air vicié, les forêts rasées, l'appauvrissement et la
faim sont tout aussi absents des bilans financiers qui servent
à évaluer la réussite d'une entreprise ou la performance d'un
gouvernement. Nous ne considérons que ce qui se chiffre en
dollars, ne tenant pas compte de l'immense gaspillage qui a
lieu d'un bout à l'autre de la chaîne alimentaire.

C'est ainsi que les entreprises et les gouvernements ont
entonné à tue-tête l'hymne à la croissance économique. Pour
mesurer cette croissance, on utilise le produit intérieur brut
(PIB). Il s'agit d'additionner la consommation des ménages,
les investissements, les dépenses gouvernementales et les
exportations nettes. Aucune distinction n'est faite entre les
dépenses positives et négatives. Ainsi, la construction de pri-
sons et les accidents de voiture contribuent à la croissance
économique au même titre que le salaire des enseignants et
l'achat de provisions. Une forêt sauvage et un lac où les
enfants s'amusent n'entrent pas dans le calcul des richesses
collectives, à moins que l'on ne coupe les arbres ou que l'on
n'ait à payer pour dépolluer. Il n'y a pas de marché ni pour
l'air pur, ni pour la santé, ni pour le bonheur des gens. En
donnant priorité à la croissance économique et en n'accordant aucune valeur à ce qui ne peut se chiffrer en dollars,
nous contractons une dette environnementale et sociale
incommensurable. Nous léguons aux générations futures un
héritage empoisonné.

Doit-on rappeler que l'environnement est plus qu'un parc
où aller se balader les fins de semaine ? L'environnement est
un tout indissociable : c'est l'eau que nous buvons, l'air que
nous respirons, la nourriture que nous mangeons, le pays que
nous habitons, les liens sociaux que nous créons. Comme le

souligne David Suzuki, nous faisons partie de la nature autant que la nature fait partie de nous. En polluant la planète, nous nous polluons nous-mêmes. Ainsi, notre santé est bien plus que l'absence de troubles physiques et mentaux. C'est aussi la qualité de vie et les relations que nous entretenons les uns avec les autres, du local au global. Nous faisons tous partie d'une même petite planète.

Heureusement, nous changeons. Lentement, mais, espérons-le, sûrement.

De plus en plus de gens sont conscients des problèmes auxquels nous faisons face et refusent de se mettre la tête dans le sable. Ils ont le courage de bousculer leur confort et leur indifférence, de faire les choses autrement, afin de contribuer à un monde plus juste et plus écologique. Chacun à leur façon, ils agissent, comme autant de David contre un Goliath nourri au cynisme.

Aussi depuis quelques années, un nombre croissant de gestes individuels et collectifs sont-ils posés. D'un bout à l'autre de la planète, des agriculteurs, des travailleurs, des artisans, des restaurateurs, des commerçants et des consommateurs se tiennent debout pour freiner le rouleau compresseur d'un système agroalimentaire qui carbure à l'exploitation environnementale et sociale. Ils innovent, inventent et construisent des alternatives, grâce auxquelles ils érigent une économie davantage au service des gens, dans le respect des écosystèmes.

Sur le plan politique aussi, le vent tourne, comme différents exemples l'ont montré dans ce livre. Ainsi, il n'est plus seulement question de drapeaux rouges brandis ici et là par des citoyens et des ONG mais d'un véritable appel à l'action, provenant aussi des grandes organisations qui, il y a quelques années seulement, défendaient encore un modèle agricole industriel tous azimuts.

Ainsi en 2002, la Banque mondiale et la FAO lançaient l'Évaluation internationale des connaissances, des sciences et des technologies agricoles pour le développement (EICSTA). L'objectif de cette évaluation était de déterminer l'impact des connaissances, des sciences et des technologies agricoles passées, présentes et à venir pour[1] :

- la réduction de la faim et de la pauvreté ;
- l'amélioration des moyens de subsistance des ruraux et de la santé humaine ;
- le développement équitable et socialement, écologiquement et économiquement rationnel.

Pendant cinq ans, une équipe de près de 400 experts indépendants ont collaboré à la réalisation d'une étude exhaustive dans laquelle ils soutiennent que de nouvelles technologies – comme les OGM – ne peuvent pas résoudre des problèmes systémiques comme la pauvreté, la faim et les crises environnementales[2]. Dans leur rapport final, datant de 2008, ils reconnaissent également que l'influence des multinationales de l'agrobusiness sur le commerce et les politiques agricoles a lourdement affecté la capacité de se nourrir de nombreuses communautés rurales à travers le monde. Leur message pour l'avenir est clair : « La manière dont le monde produit ses aliments devra radicalement changer afin de mieux servir les pauvres et les affamés, si les pays veulent faire face à l'accroissement de la population et aux changements climatiques, tout en évitant l'effondrement des sociétés et l'épuisement de l'environnement[3]. »

Transformer notre système agroalimentaire et, de manière plus large, notre système économique n'est certes pas une mince affaire. Nous avons cependant en mains tous les moyens nécessaires pour atteindre cet objectif à notre mesure. Comme les outardes dans une volée se relayant en position de tête, chacun d'entre nous a un rôle à jouer. Nous avons tous beaucoup plus de pouvoir que nous le pensons, surtout lorsque nous unissons nos forces.

On ne le répétera jamais assez : l'alimentation nous lie à la terre et à des millions de personnes qui cultivent, récoltent, transforment et emballent notre nourriture. La consommation n'est donc pas seulement un geste individuel ou un choix personnel. Elle a une portée collective et son impact est planétaire. Voilà pourquoi chacun de nos choix de consommation nous permet de «voter» quotidiennement et pas seulement une fois tous les quatre ans.

Chaque petit geste a son influence. Il vient s'additionner à celui de notre voisin puis à un autre, créant éventuellement un mouvement. Une révolution peut donc démarrer dans notre assiette pour le plus grand plaisir de nos papilles gustatives et de notre conscience. Réduire le gaspillage et notre consomma-tion de viande, choisir des produits moins emballés, recycler, composter, manger bio, local et équitable, éviter les compa-gnies multinationales... toutes ces petites actions influencent la santé de la planète et donc la nôtre. Diane Dufresne l'ex-prime ainsi: «Il faut changer le monde mais le monde c'est nous!»

Bien qu'acheter soit en quelque sorte une manière de voter, il demeure que la consommation responsable ne rem-place évidemment pas la démocratie participative. Elle lui est complémentaire, tout comme les pressions directes que nous pouvons exercer sur les entreprises. Chaque jour, nous avons le pouvoir de prendre part aux solutions. Munis de couteaux et de fourchettes, à nous de passer de la parole aux actes, un geste à la fois, pour une suite du monde plus équitable et plus écologique.

MERCI !

Des remerciements, j'en dois des tonnes ! Si ce livre est entre vos mains, c'est grâce à l'intervention et au soutien de plusieurs personnes, et ce, depuis de nombreuses années.

Tout d'abord, merci à ceux et celles qui ont contribué au grand succès des deux premières éditions de ce livre, publié par Les Intouchables en 1998, puis par Écosociété en 2003 : Nathaly Brassard, Frédéric Fournier, Alexis Waridel, Britta Coy, Julie Brière, Elizabeth Hunter, Stephen Guilbeault, Claude Villeneuve, Noah Chaikel, Stéphane Martel, Geneviève Chagnon, Nicolina Farella, Luc Parlavecchio, Louis Chauvin, François Meloche, Anouk Matte, Jean-Maurice Latulippe, Julie Mongeau, Nicolas Calvé, Marie-Claude Rochon, Nataly Gilbert et Serge Mongeau. Même si tous les textes originaux n'ont pas été conservés, et que ce livre a tellement changé qu'il en est un nouveau, vos idées transparaissent encore entre les lignes, et certains textes ont traversé le temps. *Thank you* à l'auteur de livres pour enfants Candace Savage qui, avec ses 8N, a inspiré les 3N-J, il y a de cela 14 ans.

Un immense merci...

Aux agriculteurs que j'ai côtoyés depuis ma naissance, en commençant par mon père et ma mère, mes grands-parents, mon frère, ma belle-sœur, mes neveux et tous les membres du réseau d'Agriculture soutenue par la communauté d'Équiterre, tout particulièrement à la famille Roussel qui m'a initiée à l'agriculture biologique, les deux genoux dans la terre lorsque j'étais encore enfant.

À Karel Ménard du Front commun pour une gestion écologique des déchets (FCGED), Hélène Gervais et Sophie Taillefer de RECYC-Québec, Éric Darier de Greenpeace, Frédéric Paré de la Coalition pour la souveraineté alimentaire du Québec, Jean-Frédéric Lemay d'Équiterre, Danielle Brault du ministère de l'Agriculture des Pêcheries et de l'Alimentation du Québec (MAPAQ), François Dumontier de la Fédération des producteurs de lait du Québec et Anne-Marie Roy diététiste-nutritionniste. Merci pour votre grande expertise et votre engagement pour la santé de la planète et des humains qui l'habitent.

Guylaine Bombardier, Catherine Beaudoin, Alexandre Warnet, Doris Hamelin et Jean Lapalme, sans votre aide, je serais encore en train de chercher une aiguille dans une botte de foin! Merci pour votre grande générosité, votre rigueur et votre patience avec mes interminables questions de recherche. Merci Odette Fortin, jardinière de mots et de sourires, pour ta lecture attentive et tes excellentes suggestions.

Josée di Stasio pour ta délicieuse préface et l'envie que tu nous donnes de transformer des ingrédients tout simples en plats fabuleux.

Pascal Hébert pour avoir prêté ton art à mes mots en illustrant les 3N-J, de même qu'à Éric St-Pierre et à Esperamos Films pour vos magnifiques photos. Merci à Yolande Martel pour sa mise en page inspirée ainsi que Stéphanie Dionne et Félix Pharand pour les graphiques.

Environnement Jeunesse (ENJEU), plus particulièrement Jérôme Normand et toute cette belle équipe qui disséminent les 3N-J dans les milieux scolaires et surtout donnent envie à des milliers de jeunes de s'engager pour l'environnement.

Équiterre, tout spécialement Isabelle St-Germain, Sidney Ribaux, Steven Guilbeault, Isabelle Joncas, Jean-Frédéric Lemay, Amélie Ferland, Marie-Eve Roy et tous ces gens formidables qui nous aident à changer le monde un geste à la fois.

À la fabuleuse équipe des Éditions Écosociété qui travaille contre vents et marées en hissant sur ses épaules des ouvrages essentiels à une meilleure compréhension du monde. Anne-Lise Gautier, Élodie Comtois, Valérie Lefebvre-Faucher, Hasna Addou et Barbara Caretta-Debays, merci pour votre patience, votre compréhension et les petits coups de pieds dans le derrière qui ont permis à cette nouvelle édition d'aboutir!

En terminant, merci à Hugo, Colin et Alphée qui font de ma vie quotidienne un grand potager regorgeant de biodiversité.

NOTES

HORS-D'ŒUVRE
LA PLANÈTE DANS NOTRE ASSIETTE

1. Voir les nombreux articles publiés à ce sujet dans des revues scientifiques telles que *Environmental Health Perspective*, <ehp03.niehs.nih.gov/home.action> et *l'Environmental Health Journal*, <www.ehjournal.net> ainsi que les travaux de scientifiques regroupés au sein du National Collaborating Center for Environmental Health/Centre de collaboration nationale en santé environnementale, <www.ncceh.ca>, du National Institute of Environmental Health Sciences <www.niehs.nih.gov> et de l'Institut des sciences de l'environnement de l'UQAM, <www.ise.uqam.ca>. Voir aussi le Bulletin d'information en santé environnementale publié par l'Institut nationale de santé publique du Québec (INSPQ), <www.inspq.qc.ca/bise>.
2. Pour faire le calcul de son empreinte écologique : <www.agir21.org/flash/empreinteecoweb/loadcheckplugin.html>.
3. WWF International, « Living Planet Report 2008 », Gland, WWF International, p. 14-15.
4   Rapport du vérificateur général du Québec à l'Assemblée nationale pour l'année 2007-2008, « Annexe : Empreinte écologique du Québec », tome II : Rapport du commissaire au développement durable, novembre 2007, <www.vgq.gouv.qc.ca/fr/fr_publications/fr_rapport-annuel/fr_2007-2008-t2/fr_rapport2007-2008-t2-annexe.pdf>.
5. N de l'É : Malgré le fait que le terme « conventionnel » soit considéré comme un anglicisme dans ce sens, nous avons opté pour le conserver puisqu'il est d'usage répandu dans le domaine de l'agriculture, en opposition au terme « biologique ».
6. Commission sur l'avenir de l'agriculture et de l'agroalimentaire québécois (CAAQ), *Agriculture et agroalimentaire : assurer et bâtir l'avenir*, Rapport de la Commission sur l'avenir de l'agriculture et de l'agroalimentaire québécois, 2008.

ENTRÉE
NU

1. Brian Halweil, « Home Grown: The Case for Local Food in Global Market », *Worldwatch Paper 163*, Washington, Watch Institute World, novembre 2002, p. 21.
2. Recyc-Québec, « Bilan 2008 de la gestion des matières résiduelles au Québec », Recyc-Québec, 2009, p. 16. <www.recyc-quebec.gouv.qc.ca/Upload/Publications/MICI/Rendez-vous2009/Bilan2008.pdf>.
3. *Ibid.*
4. Hélène Gervais, « Les plastiques », fiches informatives, Recyc-Québec, mars 2010, <www.recyc-quebec.gouv.qc.ca/Upload/Publications/Fiche-plastiques.pdf>.
5. Marlène Hutchison, *Vos déchets et vous*, Québec, Éditions Multi-Mondes, 2007.
6. David Suzuki et Holly Dressel, *Good News for a Change*, Toronto, Stoddart, 2002.
7. Dictionnaire de l'environnement, <www.dictionnaire-environnement.com/recyclage_de_aluminium_ID5202.html>, consulté le 1er septembre 2010.
8. Recyc-Québec, « Bilan 2008 de la gestion des matières résiduelles au Québec », *op. cit.*, p. 1, <www.recyc-quebec.gouv.qc.ca/Upload/Publications/MICI/Rendez-vous2009/Bilan2008.pdf>.
9. *Ibid.*, p. 7.
10. Pierre Davoust, « Traitement des déchets », *ÉcoSocioSystèmes*, <www.ecosociosystemes.fr/traitementdechets.html>, consulté le 3 décembre 2010.
11. Ministère de l'Environnement de l'Ontario, Sites d'enfouissement, déchets, incinérateurs, recyclage et compostage, <www.ene.gov.on.ca/fr/land/wastedisposal/index.php>, consulté le 3 décembre 2010.
12. Étienne Karla, *L'environnement et la santé : Les déchets-ressources*, Montréal, Environnement Jeunesse (ENJEU), 2002, p. 3.
13. *Ibid.*
14. Centre national d'information indépendante sur les déchets (CNIID), « L'incinération réchauffe notre climat », dossier de presse, 30 septembre 2009.
15. Ministère de l'Écologie et du Développement durable de France, <www.environnement.gouv.fr/actua/cominfos/dosdir/DIRPPR/dioxine/infodiox.htm>.
16. Commission de coopération environnementale de l'ALÉNA, rapport de la commission « À l'heure des comptes », octobre 2005, <www.cec.org/Page.asp?PageID=30101&ContentID=17401&SiteNodeID=483&BL_ExpandID=>.
17. Institut universitaire d'hygiène et de santé publique, « Évaluation du risque pour la santé lié aux émissions atmosphériques des incinérateurs soumis aux nouvelles valeurs limites de l'Union européenne », rapport

final, Nancy, septembre 2001, <www.sante.gouv.fr/htm/dossiers/etud_impact/erincin_ei72.pdf>.

18. Santé Canada, « Enquête sur l'exposition des êtres humains aux contaminants dans le milieu : Un guide communautaire », 1995, <www.hc-sc.gc.ca/ehp/dhm/catalogue/ dpc_pubs/95dhm192.htm>.

19. *Ibid.*

20. Christine Blanchette, « Les effets sur la santé associés aux lieux de traitement des déchets », INSPQ, Direction de santé publique de la Montérégie, 4 juin 2008.

21. Claude Villeneuve et Suzanne Lambert, *La biosphère dans notre assiette*, Montréal, Environnement Jeunesse (ENJEU), 1989.

22. Jean Robitaille et Claude Désy, *La Terre dans notre assiette*, 2ᵉ éd., Québec, Centrale des syndicats du Québec, 2002, p. 4.

23. Télé-Québec, *La vie en vert*, Reportage d'Ariane Paré-Le Gal, émission diffusée le 7 novembre 2007.

24. L. R. Berg, P. H. Raven et G. B. Johnson, *Environment*, Orlando, Saunders College Publishing, 1993, p. 374.

25. Environnement Canada, <www.ns.ec.gc.ca/udo/office/chap3_f.html>.

26. Millenium Ecosystem Assessment, *Ecosystems and Human Well-Being : Current State and Trends*, vol. 1, Washington, Covelo, London, Island Press, 2005, p. 587, <millenniumassessment.org>.

27. *Ibid.* Voir aussi Greenpeace : <www.greenpeace.fr/foretsanciennes/forets_anciennes_Greenpeace.pdf>.

28. Coalition sur les forêts vierges nordiques, « Pour une enquête publique indépendante sur la forêt québécoise », mémoire présenté à la Commission parlementaire sur la mise à jour du régime forestier du Québec, août 2000, <uqcn.qc.ca/foret_boreale.htm>. Cette coalition représente 13 organisations dont la Centrale des syndicats du Québec (CSQ), la Fédération des producteurs de bois du Québec (FPBQ) et l'Union québécoise pour la conservation de la nature (UQCN). Voir aussi le documentaire de Richard Desjardins et Robert Monderie, *L'erreur boréale*, 1999, et l'essai de Pierre Dubois, *Les vrais maîtres de la forêt québécoise*, Montréal, Éditions Écosociété, 2002.

29. Greenpeace, « Industrie forestière et groupes environnementaux signent la plus importante entente au monde sur la conservation de la forêt boréale », Montréal/Toronto, communiqué de presse, 18 mai 2010.

30. Hélène Gervais, « Les plastiques », *op. cit.*, p. 6.

31. Selon l'Institut des plastiques et de l'environnement du Canada (IPEC), tel que cité par Hélène Gervais, *op. cit.*, p. 2.

32. Programme des Nations Unies pour l'environnement (PNUE), « Un rapport expose le problème mondial de la croissance des déchets marins », Washington DC / Nairobi, communiqué de presse, 8 juin 2009.

33. Radio-Canada.ca, « Contaminants : Du bisphénol A chez 91 % des Canadiens », 17 août 2010, <www.radio-canada.ca/nouvelles/sante/2010/08/16/001-etude-bisphenol-plomb.shtml>.

34. F. S. Vom Saal et C. Hughes, « An Extensive New Literature Concerning Low-Dose Effects of Bisphenol A Shows the Need for a New Risk Assessment », *Environmental Health Perspectives*, vol. 113, n° 8, 2005a, p. 926-933. Voir aussi F. S. Vom Saal, « Bisphenol A Eliminates Brain and Behavior Sex Dimorphisms in Mice : How Low Can You Go ? », *Endocrinology*, vol. 147, n° 8, 2008, p. 3679-3680, et W. V. Welshons, K. A. Thayer, B. M. Judy, J. A. Taylor, E. M. Curran et F. S. Vom Saal, « Mechanisms of large effects from small exposures », *Environmental Health Perspectives*, vol. 111, n° 8, 2003. Voir l'excellent site Internet du Réseau des femmes en environnement (RQFE) : <www.sabotage-hormonal.org>.

35. Martin Hickman, « Use of BPA must be limited, say scientists », *The Independent*, 23 juin 2010 ; et Frederick S. vom Saal et John Peterson Myers, « Bisphénol A et risque de désordres métaboliques », *Journal of the American Medical Association (JAMA)*, vol. 300, n° 11, 17 septembre 2008, p. 1353-1355.

36. Santé Canada, <www.chemicalsubstanceschimiques.gc.ca/challenge-defi/batch-lot-2/bisphenol-a/index-fra.php>, consulté le 30 août 2010.

37. Lesley Ciarula Taylor, « In historic move, Canada to list BPA as 'toxic' », *The Star*, 25 août 2010, <www.thestar.com/article/852096--in-historic-move-canada-to-list-bpa-as-toxic>. Gouvernement du Canada, décret d'inscription d'une substance toxique à l'annexe 1 de la Loi canadienne sur la protection de l'environnement, *Gazette du Canada*, vol. 144, n° 21, 13 octobre 2010.

38. Institut National de Recherche et de Sécurité (INRS), « Le point de connaissance sur les phtalates », avril 2004, <www.inrs.fr/inrs-pub/inrs01.nsf/intranetobject-accesparreference/ED%205010/$file/ed5010.pdf>.

39. Confédération suisse, Département fédéral de l'intérieur, « Révision du droit des denrées alimentaires », dossier de presse, 15 novembre 2006.

40. Voir à la fin de ce chapitre, dans la section « Savoir lire les étiquettes », le tableau sur les principales résines p. 35.

41. Frank Pope, « Mission to break up Pacific Island on rubbish twice the size of Texas », *The Times* et *The Sunday Times*, 2 mai 2009, <www.timesonline.co.uk/tol/news/environment/article6206498.ece>.

42. Hélène Gervais, « Les plastiques », *op. cit.*, p. 5.

43. Encyclopédie Universalis, 2011.

44. Mining Watch Canada, <www.miningwatch.ca>. Voir aussi Alain Deneault, Delphine Abadie et William Sacher, *Noir Canada, Pillage, corruption et criminalité en Afrique*, Montréal, Écosociété, 2008.

45. Clak Tim, « Canadian Mining Companies in Latin America Community Rights and Corporate Responsability », conférence organisée par le Centre for Research on Latin America and the Caribbean (CERLAC) de l'Université York et Mining Watch Canada, 9-11 mai 2002, Toronto, CERLAC Colloquia Paper, janvier 2003. Et voir *Noir Canada. Pillage, corruption et criminalité en Afrique*, *op. cit.*

46. *Ibid.*

47. Claude Villeneuve, *Vivre les changements climatiques*, Québec, Multi-Mondes, 2007.
48. Association de l'industrie de l'aluminium du Québec, *L'aluminium recyclable*, 1986.
49. Philippe Jamet, *La deuxième vie de notre poubelle*, <perso.wanadoo.fr/philippejamet/embal/theme3/recycl1.htm>.
50. Louis-Gilles Francoeur, « Un débat "vert bouteille" à la SAQ », *Le Devoir*, 22 décembre 2008.
51. Éric Moreault, « La consigne dégringole », *Le Soleil*, 27 février 2009.
52. CM Consulting, « Who pay what ? », An Analysis of Beverage Container Recovery and Costs in Canada, 2010.
53. Anne-Laure Bulliffon, « Les contenants multicouches "Tetra-Pak" seront désormais recyclés au Québec », communiqué de presse, BlogPack, 2 décembre 2009.
54. Réal Brassard, « Le système de consignation », fiches informatives, Recyc-Québec, décembre 2009, p. 1.
55. *Ibid.*, p. 6.
56. Pour la certification Écologo, voir <www.ecologo.org/en/index.asp> et « L'Écologo », *Protégez-vous*, août 1996, p. 35.
57. Association canadienne de normalisation, *Déclarations environnementales : Guide pour l'industrie et les publicitaires*, 2008.
58. Forest Stewardship Council (FSC), <www.fsc.org/>.
59. « La forêt verte », reportage diffusé à l'émission *La semaine verte*, de la télévision de Radio-Canada, 18 janvier 2009, <www.radio-canada.ca/emissions/la_semaine_verte/2010-2011/chronique.asp?idChronique=72362>. Propos confirmés par Sara Teitelbaum, doctorante en foresterie, spécialiste de la question.
60. Forest Stewardship Council, *FSC Pesticides Policy : Guidance on Implementation*, mai 2007, <www.forestrycenter.org/library.cfm?refid=98833>.
61. Mon environnement.com, *Le recyclage des bouteilles en plastique*, <www.mon-environnement.com/fiche-746.html>, consulté le 1er septembre 2010.
62. *Idem.*
63. CBC News, 23 juillet 2009 : <www.cbc.ca/canada/newfoundland-labrador/story/2009/07/24/nl-nain-bag-ban.html> ; et CBC News, 8 janvier 2008 : <www.cbc.ca/consumer/story/2008/01/08/china-bags.html> ; et NPR, 27 mars 2008 : <www.npr.org/templates/story/story.php?storyId=89135360> ; et Agence France-Presse, « Les sacs de plastique bannis à Mexico », *Cyberpresse*, 20 août 2010.
64. Laure Waridel, « Sacs ! », Université de Sherbrooke, vol. 1, n° 3, octobre 2008, p. 41. Voir aussi Recyc-Québec : <www.recyc-quebec.gouv.qc.ca/Upload/Publications/MICI/Avis-SacsEmplettes-RQ-2007.pdf>.
65. Hélène Gervais, *op. cit.*
66. Voir à ce sujet la section « Ressources » à la fin de ce livre.
67. Louis-Gilles Francoeur, « Québec s'attaque aux déchets organiques », *Le Devoir*, 17 novembre 2010. Marie-Ève Shaffer, « Cinq usines de bio-

méthanisation seront construites d'ici 2014 dans le grand Montréal»,
Journal Métro, 1ᵉʳ février 2010, <www.journalmetro.com/l/info/
article/439991-cinq-usines-de-biomethanisation-seront-construites-d-
ici-2014-dans-le-grand-montreal>.

DEUXIÈME SERVICE
NON-LOIN

1. Holly Hill, *Food Miles: Background and Marketing*, ATTRA - National Sustainable Agriculture Information Service, 2008, <attra. ncat.org/attra-pub/PDF/foodmiles.pdf>.
2. Ministère de l'Agriculture, des Pêcheries et de l'Alimentation du Québec (MAPAQ), *Profil sectoriel de l'industrie bioalimentaire au Québec*, 2009; Statistique Canada, *Exportations et importations canadiennes*, <www.statcan.gc.ca/pub/15-515-x/2004001/4064688-fra.htm#2>, consulté le 29 juillet 2010; Rich Pirog *et al.*, *Food, Fuel, and Freeways: An Iowa Perspective on how Far Food Travels, Fuel Usage, and Greenhouse Gas Emissions*, Leopold Center for Sustainable Agriculture, Iowa State University, 2001; Holly Hill, *op. cit.*; Marla MacLeod et Jen Scott, *Food Miles Project Preliminary Results*, Halifax, Ecology Action Center, avril 2009.
3. Marc Xuereb, *Food Miles: Environmental Implications of Food Imports to Waterloo Region*, Region of Waterloo Public Health, novembre 2005.
4. Frédéric Paré, *Conférence sur le projet de souveraineté alimentaire de l'UPA et du rôle que peut jouer la cohabitation en milieu rural sur le succès d'un tel projet*, Salon régional d'animation sur la diversification agricole de Saint-Camille, 12 au 14 septembre 2008, <www.messour-ces.org/audio/souverainete-alimentaire-monsieur-frederic-pare>.
5. Marc Xuereb, *op. cit.*
6. Jacques Berthelot, *L'agriculture, talon d'Achille de la mondialisation*, Paris, L'Harmattan, 2001. Voir également l'excellent dossier d'Oxfam France sur l'exportation de poulets européens en Afrique: «Exportations de poulets: l'Europe plume l'Afrique!», 1ᵉʳ octobre 2004, <www. oxfamfrance.org/>.
7. Claude Villeneuve et Suzanne Lambert, *op. cit.*
8. Institut Bruxellois pour la gestion de l'environnement (IBG), *Alimentation et environnement: 65 conseils pour se régaler en respectant l'environnement et sa santé*, mars 2008, p. 6.
9. *Ibid.*
10. Conseil québécois de l'horticulture, Bulletin de veille, vol. 2, nº 7, 14 décembre 2010.
11. Linda Fernandez, *Environmental Implications of Trade Liberalization on North American Transport Services: The Case of the Trucking Sector*, Phoenix, Fourth North American Symposium on Assessing the Environmental, 21 avril 2008, <www.cec.org/Storage/ 59/5129_Fernandez-Trucking-Symposium08-21apr_en.pdf>.

190   L'ENVERS DE L'ASSIETTE

12. *Ibid.*

13. Commission sur l'avenir de l'agriculture et de l'agroalimentaire québécois (CAAAQ), « Agriculture et agroalimentaire : choisir l'avenir », document de consultation, 2007, p. 8, <www.caaaq.gouv.qc.ca/userfiles/File/Doc_consultation_CAAAQ.pdf>. Voir aussi chapitre 4 à ce sujet.

14. Ministère de l'Agriculture, des Pêcheries et de l'Alimentation du Québec (MAPAQ), *Profil sectoriel de l'industrie bioalimentaire au Québec,* 2009, p. 81, <www.mapaq.gouv.qc.ca>.

15. Mario Desmarais, *La guerre alimentaire,* Arts et Image Production (film), 2001.

16. Jean Pronovost, Mario Dumais et Pascale Tremblay, « Agriculture et agroalimentaire : assurer et bâtir l'avenir », rapport de la Commission sur l'avenir de l'agriculture et de l'agroalimentaire québécois, 12 février 2008, p. 46.

17. Statistique Canada, Recensement de l'agriculture de 2006, <www.statcan.gc.ca/ca-ra2006/index-fra.htm>.

18. Louis Favreau, « L'agriculture au Québec : transformations et innovation », entrevue réalisée avec Chantal Doucet, doctorante en sciences sociales appliquées à l'Université du Québec en Outaouais, Chaire de recherche en développement des collectivités, 22 mars 2010.

19. Conférence de Raymond Levallois, « L'endettement en agriculture : Un risque ou une chance ? », Colloque de l'entrepreneur gestionnaire, CRAAQ, Agriréseau, 20 novembre 2003.

20. AGECO, *Les faits saillants laitiers québécois 2010,* 24ᵉ éd., Groupe AGECO, 2010, p. 32.

21. Fédération des producteurs de lait du Québec (FPDQ), banque de données entrepôt transmise par François Dumontier, 25 janvier 2011.

22. United States Department of Agriculture National Agricultural Statistics Services (USDA-NASS, « Milk Cow Herb Size by Inventory and Sales », <www.nas.usda.gov/Data_and_Statistics/index.asp>.

23. Helena Norberg-Hodge, Todd Merrifield et Steven Gorelick, *Manger local. Un choix écologique et économique,* Montréal, Éditions Écosociété, 2004 ; Michael Carte, « Identification of the Inverse Relationship between Farm Size and Productivity : An Emperical Analysis of Peasant Agriculture Production », *Oxford Economic Papers,* New Series, vol. 36, nᵒ 1, mars 1984, p. 131-145 ; Miguel A. Altieiri, « Agroecology, Small Farms, and Food Sovereignty », *Monthly Review,* juillet-août 2009 ; et Hugh Maynard et Jacques Nault, « Big Farms, Small Farms : Strategies in Sustainable Agriculture to Fit All Sizes », septembre 2005, <www.aic.ca/issues/AIC_discussion_paper_Final_ENG.pdf>.

24. Walden Bello, *The Food Wars,* Londres, Verso, 2009, p. 13.

25. Helena Norberg-Hodge, Todd Merrifield et Steven Gorelick, *op. cit.*

26. Résultats du Sommet de Saint-Hyacinthe de 1998.

27. Christophe Golay et Melik Özden, *Le droit à l'alimentation. Un droit humain fondamental stipulé par l'ONU et reconnu par des traités régionaux et de nombreuses constitutions nationales,* collection du

Programme droit humains du Centre Europe - Tiers Monde (CETIM), 2003.

28. Fabien Deglise, « Les petits producteurs biologiques réclament leur part du gâteau », *Le Devoir*, 22 et 23 mars 2003, p. A4.

29. Robert Sansfacon, « Agriculture – Arrêtez la saignée ! », *Le Devoir*, 22 janvier 2009.

30. Denise Proulx et Lucie Sauvé, *Porcheries ! La porciculture intempestive au Québec*, Montréal, Éditions Écosociété, 2008. Voir aussi le film d'Hugo Latulippe, *Bacon*, ONF, 2001.

31. Commission sur l'avenir de l'agriculture et de l'agroalimentaire québécois (CAAQ), *Agriculture et agroalimentaire : assurer et bâtir l'avenir*, *op. cit.*

32. *Agriculture et agroalimentaire : assurer et bâtir l'avenir*, *op. cit.*, p. 38.

33. Marcel Mazoyer et Laurence Roudart, *Histoire des agricultures du monde*, Paris, Éditions du Seuil, 2002.

34. Union des producteurs agricoles du Québec (UPA), « Politique agricole et agroalimentaire : l'UPA en faveur d'une nouvelle politique d'achat et de valorisation des produits québécois », communiqué de presse, 10 octobre 2010.

35. Claude Béland, « Pour créer des emplois, achetons les produits québécois », Société de promotion Qualité-Québec, dépliant 1994.

36. New Economic Foundation, « Local Food Better for Rural Economy than Supermarket Shopping », communiqué de presse, 7 août 2001.

37. Solange Lévesque, « Pour la sauvegarde du patrimoine végétal », *Le Devoir*, 21 mars 2003, p. B8.

38. Agence France-Presse « À peine 25 % du patrimoine génétique agricole a survécu au 20ᵉ siècle », *Cyberpresse*, 9 septembre 2009, <www.cyberpresse.ca/environnement/200909/08/01-899725-a-peine-25-du-patrimoine-genetique-agricole-a-survecu-au-20e-siecle.php>.

39. Andina, *Riqueza de papas nativas radica en descanso prolongado de tierras de cultivo, sostienen*, 7 septembre 2010.

40. Brian Halweil, « Home Grown : The Case for Local Food in a Global Market », *op. cit.*

41. *Ibid.*, p. 435.

42. André Picard, « Medical association forecasts thousands to die from dirty air », *The Globe & Mail*, 14 août 2008.

43. Lise Tremblay, « Le smog de Montréal envahit Drummondville », *L'express*, 10 novembre 2006.

44. CO_2 de tonnes/personne/année : Canada 17,37 ; Suède 5,05 ; Tanzanie 0,13. International Energy Agency, « CO_2 Emissions from Fuel Combustion 2010 », <www.iea.org/Textbase/publications/free_new_Desc.asp?PUBS_ID=2143>

45. Peter Raven, Linda Berg et George B. Johnson, *Environment*, Philadelphie, Harcourt College Publishers, 1997, p. 426.

46. Steven Guilbeault, « L'effet de serre et les changements climatiques », dans *L'EnVert de l'assiette. Un enjeu alimen...Terre*, 1ʳᵉ éd., Montréal, Les Intouchables, 1998, p. 38.

47. Oxfam International, *Climate Alarm*, 2007, p. 6, <www.oxfam.org/en/policy/bp108_climate_change_alarm_0711>
48. Programme des Nations Unies pour le développement, Rapport mondial sur le développement humain, « La lutte contre le changement climatique : un impératif de solidarité humaine dans un monde divisé », 2007/2008, p. 30.
49. Peter Raven, Linda Berg et George B. Johnson, *Environment, op. cit.*, p. 445.
50. Fondation David Suzuki, « À couper le souffle : Les effets de la pollution atmosphérique et des changements climatiques sur la santé », Vancouver, mai 1999, p. 11.
51. Marion Viau, *Impacts humains des changements climatiques : Reflet d'inégalités profondes, Climat d'urgence*, AQOCI, 2009, p. 28.
52. Andrew Nikiforuk, *Les sables bitumineux. La honte du Canada*, Montréal, Éditions Écososiété, 2010.
53. Alexandre Shields, « Obama veut à tout prix garder le cap sur l'environnement, mais... », *Le Devoir*, p. C2, 31 juillet et 1ᵉʳ août 2010.
54. Équiterre, « Le Québec et les changements climatiques : Une vision 2020 », <www.equiterre.org>.
55. Aliments du Québec, <www.alimentsduquebec.com/index.php?action=adhesion>, consulté le 4 août 2010.
56. Conseil des appellations réservées et des termes valorisants (CARTV), <www.cartvquebec.com/igp-agneau-de-charlevoix>, consulté le 10 août 2010.
57. Agence canadienne d'inspection des aliments (ACIA), *Guide d'étiquetage et de publicité des aliments*, Chapitre 4 – « Allégations concernant la composition, la qualité, la quantité et l'origine », <www.inspection.gc.ca/francais/fssa/labeti/guide/tocf.shtml>.
58. *Ibid.*
59. Éric Robert, « De moins en moins de lait dans les produits laitiers canadiens selon la FPLQ », *La vie rurale*, 27 avril 2005.
60. Fédération des producteurs de lait du Canada, <www.producteurslaitiers.ca/salle-de-presse/campagnes/lait-100-canadien>, consulté le 10 août 2010.
61. Food-info.net, « Peut-on déterminer l'origine (pays) d'un produit à partir de son code-barre ? », <www.food-info.net/fr/qa/qa-fp121.htm>, consulté le 1ᵉʳ février 2011.
62. Nigel Wood, « Made in China : Bar Code Myths », GS1 Canada, document obtenu par Sarah Charuk de GS1 Canada le 28 janvier 2011.
63. Voir le Programme semencier du patrimoine Canada : <www.semences.ca>.

TROISIÈME SERVICE
NATUREL

1. Marcel Mazoyer et Laurence Roudart, *Histoire des agricultures du monde, op. cit.*
2. Andrée Mathieu, « La planète agricole », *L'Agora*, juin-juillet 2001.
3. Charles Benbrook, « Impacts of Genetically Engineered Crops on Pesticide Use : The First Thirteen Years », *The Organic Center*, novembre 2009.
4. Comité permanent de l'environnement et du développement durable, « Les pesticides : un choix judicieux s'impose pour protéger la santé et l'environnement », Ottawa, Chambre des communes du Canada, mai 2000, p. 57. Voir aussi Frédéric Dallaire, *Infections et expositions aux organos-chlorés chez les enfants du Nunavik*, thèse présentée dans le cadre du programme de doctorat en épidémiologie, Faculté de médecine de l'Université Laval, mars 2006.
5. Monica Moore, « Hidden Dimensions of Damage : Pesticides and Health, Fatal Harvest », Washington, Covelo et Londres, Island Press, 2002, p. 255. Voir aussi American Department of Health and Human Services Centers for Disease Control and Prevention, *National Report on Human Exposure to Environmental Chemicals*, 2009 ; *Pesticides Action Network North America*, « Chemical Trespass : Pesticides in Our Bodies and Corporate Accountability », mai 2004.
6. Luc Multigner, « Effets retardés des pesticides sur la santé humaine », *Environnement, Risques & Santé*, vol. 4, n° 3, mai-juin 2005, p. 187-194.
7. Louise Vandelac et Marie-Hélène Bacon, « Perturbateurs endocriniens et polluants organiques persistants : inquiétante érosion de la santé, de la fertilité et des capacités intellectuelles », *Ruptures*, Université de Montréal, vol. 6, n° 2, 1999, p. 237-267.
8. Comité permanent de l'environnement et du développement durable (ENVI), « Les pesticides : Un choix judicieux s'impose pour protéger la santé et l'environnement », Ottawa, Chambre des communes du Canada, mai 2000.
9. B. Bazylewicz-Walczak, W. Majczakowa et M. Szymczak, « Behavioral effects of occupational exposure to organophosphorous pesticides in female greenhouse planting workers », *Neurotoxicology*, vol. 20, n° 5, 1999, p. 819-826. Et Samuel Onil, « Votre santé vous préoccupe ? Attention aux pesticides », Colloque sur la sériciculture, Centre de référence en agriculture et agroalimentaire du Québec, 29 septembre 2005.
10. « Les pesticides favoriseraient les troubles de l'attention chez les enfants », *Le Monde*, 28 mai 2010, <www.lemonde.fr/planete/article/2010/05/28/les-pesticides-favoriseraient-les-troubles-de-l-attention-chez-les-enfants_1364251_3244.html>, consulté le 13 août 2010 ; Maryse F. Bouchard, *et al.*, « Attention-Deficit/Hyperactivity Disorder and Urinary Metabolites of Organophosphate Pesticides », *Pediatrics*, 17 mai 2010, <pediatrics.aappublications.org/cgi/content/abstract/peds.2009-3058v1>.

11. Lu, Chensheng, Dana B. Barr, Melanie A. Pearson et Lance A. Waller, « Dietary Intake and Its Contribution to Longitudinal Organophosphorus Pesticide Exposure in Urban/Suburban Children », *Environmental Health Perspective*, 5 janvier 2008.

12. Monica Moore, *op. cit.*, p. 256.

13. Société canadienne du cancer, Statistiques générales sur le cancer pour 2010, <www.cancer.ca/canada-wide/about%20cancer/cancer%20 statistics/stats%20at%20a%20glance/general%20cancer%20stats. aspx?sc_lang=fr-ca>, consulté le 10 août 2010.

14. Société canadienne du cancer, *Statistiques canadiennes sur le cancer 2008*, « Le cancer au Canada : les faits en bref », fiche documentaire, avril 2008.

15. Monica Moore, *op. cit.*, p. 256. Voir aussi Janet Gray, *State of the Evidence. The Connection Between Breast Cancer and the Environment*, 5e éd., 2008, <www.breastcancerfund.org/assets/pdfs/publications/ state-of-the-evidence-2008.pdf>.

16. Bureau d'audiences publiques sur l'environnement (BAPE) 142. *L'eau, ressource à protéger, à partager, à mettre en valeur*, t. II, rapport de la Commission sur la gestion de l'eau au Québec, 2000.

17. Comité permanent de l'environnement et du développement durable, « Les pesticides : Un choix judicieux s'impose pour protéger la santé et l'environnement », *op. cit.*, p. 25.

18. Laurent Orsi, *et al.*, « Occupational exposure to pesticides and lymphoid neoplasms among men : results of a French case-control study », *Occupational and Environmental Medecine*, 18 novembre 2008.

19. Programme des Nations Unies pour l'environnement (PNUE), *L'avenir de l'environnement mondial 2000*, Aperçu GEO-2000, 1999, p. 4.

20. P. Lebailly, *et al.*, « Données épidémiologiques sur le lien entre cancers et pesticides », *Oncologie*, vol. 9, n° 5, printemps 2007, p. 361-369.

21. Fabien Deglise, « Savons-nous encore ce que nous mangeons ? », *Protégez-vous*, janvier 2000, p. 20, citant *Archive of Environmental Health*, 1998.

22. Alexis Elbaz, Jacqueline Clavel, Paul J. Rathouz, Frédéric Moisan, Jean-Philippe Galanaud, Bernard Delemotte, « Professional exposure to pesticides and Parkinson disease », *Annals of neurology*, vol. 66, n° 4, octobre 2009, p. 494-504.

23. National Safety Council and NICC Agreement Extends Partnership 5 Years, *Ag Center Will Save Lives, Reduce Injuries for Thousands*, 23 août 2008.

24. Élodie Bousquet, « Les pesticides pourraient être le prochain scandale sanitaire », *L'Express*, 4 mars 2010.

25. Étude citée par André Fauteux, « Cancer infantile : L'exposition aux pesticides et la pollution des rivières soupçonnées », *La Presse*, cahier Santé, 9 décembre 2001.

26. Voir le film *A Chemical Reaction*, <www.youtube.com/watch?v= dTcvO-o8NTA&feature=player_embedded>.

27. Robert Monderie, *La loi de l'eau*, documentaire, ACPAV, 2002.

28. Robert Sanders, « Pesticide atrazine can turn male frogs into females », UC Berkeley, *News Center*, 1er mars 2010.

29. Louis-Gilles Francœur, « Québec cible le syndrome de la pelouse parfaite », *Le Devoir*, 7 mars 2003, p. A1 et A10.

30. Équiterre, « Défense du Code de gestion des pesticides contre les menaces de Dow AgroSciences », mars 2009, <pdf.cyberpresse.ca/lapresse/equiterre.pdf>.

31. Marie-Josée Boudreau, « Fruits et légumes sous la loupe : Test Pesticides », *Protégez-vous*, mai 2000, p. 23-26. Voir aussi Julie Brière et Françoise Ruby, « Le top 10 des résidus de pesticides », *Protégez-vous*, août 1996, p. 17.

32. Commission sur l'avenir de l'agriculture et de l'agroalimentaire québécois, *Agriculture et agroalimentaire : assurer et bâtir l'avenir, op. cit.*, p. 189.

33. « Les pesticides omniprésents dans l'alimentation en France », *Le Monde*, 7 mai 2008.

34. Comité permanent de l'environnement et du développement durable, « Les pesticides : un choix judicieux s'impose pour protéger la santé et l'environnement », *op. cit.*, p. 73.

35. *Ibid.*, p. xvii.

36. Richard Wiles et Christopher Campbell, « Pesticides in Children Food », Washington, Agricultural Pollution Prevention Project, 1993.

37. Françoise Ruby, « Nos enfants en péril ? », *Protégez-vous*, juillet 1999, p. 10-11.

38. Feeding the 5000, « Food Waste Facts », 2009, <www.feeding5k.org/food-waste-facts.php>.

39. Réjean Lacombe, *Le Soleil*, 13 avril 1995.

40. Jacques Proulx, conférence donnée au Comité intergroupes d'Environnement Jeunesse (ENJEU), Drummondville, le 8 février 1997.

41. FAO, « Farming must change to feed the world – FAO expert urges more sustainable approach », 4 février 2009, <www.fao.org/news/story/en/item/9962/icode/>.

42. N. E.-H. Scialabba, « Organic Agriculture and Food Security », FAO, 2007, p. 8, <ftp.fao.org/paia/ organicag/ofs/OFS-2007-5.pdf>.

43. Ministère de l'Agriculture, des Pêcheries et de l'Alimentation du Québec (MAPAQ), Politique ministérielle de développement durable, 1995, p. 8. Aucune étude de cette ampleur n'a été réalisée depuis cette dernière. Selon les experts, la situation a continué à se détériorer.

44. G. Tyler Jr. Miller, *Living in the Environment*, 6e édition, Belmont (Calif.), Wadsworth Publishing Company, 1990.

45. David Pimentel, professeur en sciences de l'environnement et de l'agriculture à l'Université Cornell de New York, cité dans *La vie en bio*, Lynda Brown, Montréal, Flammarion Québec, 2001, p. 17.

46. MAPAQ, *op. cit.*, p. 8.

47. Ministère de l'Environnement et de la Faune du Québec (MEF), document de réflexion sur la capacité du territoire québécois à supporter les élevages, 4 juin 1996. Voir aussi : Direction des politiques du

secteur agricole, ministère de l'Environnement, synthèse des informations environnementales disponibles en matière agricole au Québec, avril 2003.

48. Ministère de la Santé et des Services sociaux du Québec (MSSSQ), « Les risques à la santé associés aux activités de production animale », Avis de santé publique, juin 2000, p. 3-6.

49. Radio-Canada, archives, « Walkerton, la mort au bout du robinet », <archives.radio-canada.ca/sante/sante_publique/dossiers/1670/>.

50. Ministère de la Santé et des Services sociaux du Québec (MSSSQ), « Les risques à la santé associés aux activités de production animale », avis de santé publique, juin 2000, p. 16.

51. Ibid., p. 16-17.

52. Ibid., p. 17.

53. Direction des politiques du secteur agricole, ministère de l'Environnement, synthèse des informations environnementales disponibles en matière agricole au Québec, avril 2003.

54. Nature Québec/UQCN, « Line Beauchamp à la rencontre des cyanobactéries », Québec, communiqué de presse, 6 juillet 2007, <www.naturequebec.org/ressources/fichiers/Eau/CO07-07-06_Cyanobacteries_Beauchamp.pdf>.

55. Lise Bergeron. « Trop d'antibiotiques dans la viande », Protégez-vous, 15 juillet 2010.

56. Fédération des producteurs de porcs du Québec, Table filière porcine du Québec, document de travail pour le 24e Colloque sur la production porcine, 4 novembre 2003, p. 3.

57. F. William Engdahl, « Flying Pigs, Tamiflu and Factory Farms », Global Research, 29 avril 2009. Et Charles W. Schmidt, « Swine, CAFOs & Novel H1N1 Flu : Separating Facts from Fears », Environmental Health Perspectives, septembre 2009, <www.ncbi.nlm.nih.gov/pmc/articles/PMC2737041/>.

58. Ibid.

59. Radio-Canada, La semaine verte, 2 juin 2002, <www.radiocanada.ca/actualite/semaineverte/020602/pouletantibiotique.html>.

60. Équiterre, argumentaire pour la publication de l'affiche « Une vraie farce ! » et « Viande bio, viande heureuse », communication transmise par Frédéric Paré, 23 décembre 2002, p. 2.

61. Radio-Canada, La semaine verte, 2 juin 2002, <www.radiocanada.ca/actualite/semaineverte/020602/pouletantibiotique.html>.

62. Radio-Canada, « Deux poids deux mesures », mise à jour le mardi 30 septembre 2008 à 10 h 41.

63. Lise Bergeron, « Trop d'antibiotiques dans la viande », op. cit.

64. Protégez-vous, janvier 2000, p. 25.

65. Ibid.

66. Jacques Dufresne, « L'agriculture à l'heure de la complexité », L'Agora, vol. 8, n° 3, juin-juillet 2001, <agora.qc.ca/reftext.nsf/Documents/Agriculture--Lagriculture_a_lheure_de_la_complexite_par_Jacques_Dufresne>. Voir aussi Fondation recherche médicale (FRM), Résistance

aux antibiotiques, <www.frm.org/informez/info_ressources_dossiers_article_sommaire.php?id=7&type=10&listedossier=7>.

67. Nadine Bachand, « Des gènes qui sèment à tout vent ? », *L'Enjeu*, vol. 19, n° 3, printemps 2003, p. 20.

68. Andrew Kimbrell, *Fatal Harvest. The Tragedy of Industrial Agriculture*, Washington, Covelo et Londres, Island Press, 2000, p. 63. Voir également Charles Benbrook, « Impacts of Genetically Engineered Crops on Pesticide Use: The First Thirteen Years », *The Organic Center*, novembre 2009.

69. Clea Caulcutt, « Superweed' explosion threatens Monsanto heartlands », *France 24*, 19 avril 2009.

70. Susan George, « Personne ne veut des OGM, sauf les industriels », *Le Monde diplomatique*, avril 2003, p. 4-5. Voir aussi Gilles-Éric Séralini, *Ces OGM qui changent le monde*, Flammarion, 2010.

71. David Quist et Ignacio Chapela, « Transgenic DNA Intogressed into Traditional Maize Landraces in Oaxaca, Mexico », *Nature*, Londres, vol. 4141, 29 novembre 2001.

72. Nadine Bachand, *op. cit.*, p. 20.

73. Andrew Kimbrell, *op. cit.*, p. 63. Voir aussi Benoît Lacroix, « Le maïs OGM menace l'écosystème », *Agence Science Presse*, 14 novembre 2007.

74. Joël Spiroux de Vendômois, Dominique Cellier, Christian Vélot, Émilie Clair, Robin Mesnage et Gilles-Eric Séralini, « Debate on GMOs Health Risks after Statistical Findings in Regulatory Tests », *International Journal of Biological Sciences*, juin 2010, p. 590-598, <www.biolsci.org/v06p0590.htm>. Voir aussi C. Gasnier, C. Dumont, N. Benachour *et al.*, « Glyphosate-based herbicides are toxic and endocrine disruptors in human cell lines », *Toxicology*, n° 262, 2009, p. 184-191.

75. Éric Darier, « OGM: Y a-t-il un capitaine à bord ? », *Le Devoir*, 26 septembre 2001.

76. Hervé Kempf, « Les OGM ont passé la barre des 100 millions d'hectares cultivés », *Le Monde*, 19 janvier 2007.

77. Sue Bailey, « Des experts fédéraux s'inquiètent de l'innocuité des aliments transgéniques vendus aux Canadiens », *La Presse*, 19 octobre 1999, p. A9. Louise Vandelac et Karl Parent, *Mains basses sur les gènes. Les aliments mutants*, film, ONF, 1999.

78. Pauline Gravel, *Le Devoir*, 14 novembre 2001.

79. Institut national de santé publique du Québec (INSPQ), *Aliments génétiquement modifiés et santé publique: document de synthèse*, Gouvernement du Québec, octobre 2001, p. 31-32. Voir aussi Conseil de la science et de la technologie, *OGM et alimentation humaine: Impacts et enjeux pour le Québec*, Gouvernement du Québec, 2002, p. 125-126.

80. Stéphane Dussault, « Organisme trop gentil avec les multinationales », *Protégez-vous*, février 2000, p. 18-21.

81. Agence canadienne d'inspection des aliments (ACIA), Direction générale des sciences, Bureau de la biotechnologie, <www.inspection.gc.ca/

francais/sci/biotech/safsal/novalif.shtml>, consulté le 21 avril 2003. Et communication avec Éric Darier, directeur de Greenpeace au Québec, 14 janvier 2011.

82. Communication avec Éric Darier, spécialiste de l'agriculture transgénique et directeur de Greenpeace au Québec, 14 janvier 2011.

83. Communication avec Éric Darier, spécialiste de l'agriculture transgénique et directeur de Greenpeace Québec, 11 décembre 2010 et 14 décembre 2010.

84. Agence France Presse (AFP), « Le président de la Commission européenne opposé à un moratoire sur les OGM », 15 décembre 2010.

85. AVAAZ, « 1 million pour le moratoire sur les OGM. Remise de la première Initiative Citoyenne Européenne », communiqué du 9 décembre 2010.

86. Alexandre Sirois, Entrevue avec Ingeborg Boyens, auteure du livre *Unnatural Harvest*, *La Presse*, 1999.

87. FAO, « Quelques données sur l'état de la planète », *Forces*, n° 110, 1995, p. 9.

88. FAO, « L'UE signe le traité international sur la biodiversité agricole », Rome, communiqué de presse, 6 juin 2002, p. 1.

89. Jonathan Ludd, « La destruction des sols par l'agriculture intensive », interview de Claude Bourguignon, microbiologiste des sols, *CQFD*, n° 31, 15 février 2006.

90. Manuelle Rovillé, « Le petit peuple du sol », CNRS/*sagascience* France, 13ᵉ titre, décembre 2008.

91. FAO, « Pollinisation : un service écosystémique », fiche d'information consultée le 12 janvier 2011, <ftp://ftp.fao.org/docrep/fao/010/i0112f/i0112f06.pdf>.

92. Henri Clément, « L'abeille sentinelle de l'environnement », *Alternatives*, 2009.

93. *Ibid.*

94. Agence française de sécurité sanitaire des aliments (AFSSA), « Mortalités, effondrements et affaiblissements des colonies d'abeilles », novembre 2008 (actualisé en avril 2009).

95. Union internationale pour la conservation de la nature (IUCN), « La crise de l'extinction gagne encore du terrain », communiqué de presse, 3 novembre 2009, <www.iucn.org/?4143/2/La-crise-de-lextinction-gagne-encore-du-terrain–UICN>.

96. United Nations Environment Programme, 25 octobre 2007, p. 2 ; Secrétariat de la Convention sur la diversité biologique, « Perspectives mondiales de la biodiversité », p. 10, <www.cbd.int/doc/gbo/gbo2/cbd-gbo2-fr.pdf>.

97. *Ibid.*

98. FAO, Situation mondiale des pêches et de l'aquaculture 2002, Rome, 2003.

99. Organisation des Nations Unies pour l'agriculture et l'alimentation (FAO), « The State of the World Fisheries and Aquaculture 2008 ».

100. Louis-Gilles Francœur, « Les poissons "fins" dépassent la norme de mercure », *Le Devoir*, 10-11 novembre 2001.

101. World Watch Institute, <www.worldwatch.org>.

102. A. Myers Ransom et Boris Worm, « Rapid Worldwide Depletion of Predatory fish communities », *Nature*, n° 423, mai 2003, p. 280-283.

103. Pêches et Océans Canada, « Pêche illicite, non déclarée et non réglementée » (INN), 3 février 2009, <www.dfo-mpo.gc.ca/international/isu-iuu-fra.htm>, consulté le 6 février 2011.

104. *New Internationalist*, n° 325, juillet 2000, p. 9-28.

105. Anouk Ride, « Fishy business », *New Internationalist*, n° 325, juillet 2000, p. 9-19.

106. Sylvain Laroque, « Fermeture quasi totale de la pêche à la morue », *Le Devoir*, 25 avril 2003, p. A3.

107. Entrevue avec Élisabeth Hunter, coordonnatrice de la campagne Océan chez Greenpeace Canada, été 2009.

108. Ginette Poulin, « Greenpeace et les chefs britanniques défendent les poissons », *Hôtels, restaurants et institutions*, 7 février 2008, <www.hrimag.com/spip.php?article2822>.

109. Fondation David Suzuki : <www.davidsuzuki.org/Oceans/Fish_Farming/Salmon/>.

110. Stephanie Porter, « Canadian Fish Farming : A Growing National Industry, but at What Cost to our Health? », *Alive*, février 2003, p. 72-74.

111. Radio-Canada, *La semaine verte*, « Pisciculture et environnement », 6 janvier 2002 et discussion avec Élisabeth Hunter, coordonnatrice de la campagne Océan chez Greenpeace.

112. *Ibid.*

113. Stephanie Porter, *op. cit.*

114. Pesticide Action Network (PAN) Europe, « Pesticide use reduction is working: An assessment of national reduction strategies in Denmark, Sweden, the Netherlands and Norway », décembre 2003, p. 10.

115. Europaforum, Agriculture, Viticulture et Développement rural, « Les superficies consacrées à l'agriculture biologique ont augmenté de 21 % dans l'UE et de 12 % au Luxembourg entre 2005 et 2008 », mars 2010, p, 1.

116. Europaforum, Agriculture, Viticulture et Développement rural, *op. cit.*, p. 2.

117. *Ibid.*

118. Conseil des appellations réservées et des termes valorisants (CARTV), Statistiques 2009, *Usage de l'appellation biologique au Québec*, 2010.

119. Ministère de l'Agriculture, des Pêcheries et de l'Alimentation du Québec (MAPAQ), « Les suites "bio" du rapport Pronovost », décembre 2008.

120. Communication par courriel avec Danielle Brault, agronome et conseillère en agriculture biologique MAPAQ, 1er février 2011.

121. Hugo Latulippe, *Bacon*, le livre, *op. cit.*

122. Traduction libre tirée de Tracy Clunies-Ross et Nicolas Hildyard, « The Politics of Industrial Agriculture », *The Ecologist*, vol. 22, n° 2, mars-avril 1992, p. 70. M. S. Clark *et al.*, « Crop-yield and economic

comparisons of organic, low-input, and conventional farming systems in California's Sacramento Valley », *American Journal of Alternative Agriculture*, vol. 14, n° 3, 1999, p. 109-121. Et M. S. Clark, *et al.*, « Changes in Soil Chemical Properties Resulting from Organic and Low-Input Farming Practices », *Agronomy Journal*, vol. 90, 1998, p. 662-671.

123. Laura Sayre, « The Rodale Institute's oldest experiment... and a national and international treasure », *The Rodale Institute Farming Systems Trial*, 30 septembre 2003. Voir aussi Catherine Badgley, Jeremy Moghtader, Eileen Quintero, Emily Zakem, M. Jahi Chappell, Katia Avilés-Vázquez, Andrea Samulon et Ivette Perfecto, « Organic agriculture and the global food supply », *Renewable Agriculture and Food Systems*, n° 22, 2007, p. 86-108 ; et Laura Bailey, « Organic farming can feed the world », U-M study shows, University of Michigan News Service, 10 juillet 2007, <ns.umich.edu/htdocs/releases/story.php?id=5936>. M. S. Clark, *et al.*, « Crop-yield and economic comparisons of organic, low-input, and conventional farming systems in California's Sacramento Valley », *op. cit.*, p. 109-121 ; M. S. Clark, *et al.*, « Changes in Soil Chemical Properties Resulting from Organic and Low- Input Farming Practices », *op. cit.*, p. 662-671.

124. Laura Bailey, « Organic farming can feed the world », *op. cit.*

125. FAO, Conférence internationale sur l'agriculture biologique et la sécurité alimentaire, OFS/2007/REP, Rome, 3-5 mai 2007, p. 2.

126. Frédéric Paré, « Responsabilité citoyenne et respect de la vie : des passages obligés de la sécurité alimentaire », *Les Cahiers du 27 juin*, vol. 1, n° 1, février 2003. p. 55-61.

127. Programme des Nations Unies pour l'environnement (UNEP), « Economics and Trade Branch. Agriculture : A Catalyst for Transitioning to a Green Economy », <www.unep.ch/etb/>.

128. Barbara Vogt, « Grains bio, graines d'avenir », Info-concept pour la campagne Moi je mange bio !, Équiterre, mai 2003.

129. « *In the majority of cases, organic systems are more profitable than non-organic systems* ». Noémi Nemes, « Analysis of Organic and non-Organic Farming Systems : A Critical Assessment of Farm Profitability », Natural Resources Management and Environment Department Comparative, FAO, Rome, juin 2009. p. 3.

130. Yves Gagnon, *La qualité biologique des aliments : valeur nutritive et équilibre minéral*, recueil de documents, 2001. Voir aussi François Chalifour, « La vraie valeur des aliments bio », *Bio-bulle*, février-mars 1995, p. 10 ; Bob L. Smith, *Journal of Applied Nutrition*, vol. 45, n° 1, 1993.

131. Virginia Worthington, « Nutritional Quality of Organic Versus Conventional Fruits, Vegetables, and Grains », *The Journal of Alternative and Complementary Medecine*, vol. 7, n° 2, 2001, p. 161-173.

132. *Ibid.*, p. 161.

133. J. P. Reganold, P. K. Andrews, J. R. Reeve, L. Carpenter-Boggs, C. W. Schadt, *et al.*, «Fruit and Soil Quality of Organic and Conventional Strawberry Agroecosystems», *PLoS One*, vol. 5, n° 9, 1er septembre 2010.

134. Centre d'agriculture biologique du Québec (CAB), La rubrique biologique 2.4, mars 2003, p. 4, <www.cab.qc.ca>. Voir aussi MABCIE, «Organically Grown Foods Higher in Cancer-Fighting Chemical Than Conventionally Grown Foods», *Behind the Cancer Headlines*, 7 mars 2003.

135. John Reganold, «WSU Research Finds Organic Farms Produce Bette Fruit, Leave Healthier Soil», <wsunews.wsu.edu/pages/publications.asp?Action=Detail&PublicationID=21276>.

136. Atravee Bandyopadhyay, Sarbani Ghoshal, Ainta Mukherjee, «Genotoxicity testing of Low-Calories Sweeteners: Aspartame, Acesulfame-K, and Saccharin», Centre of Advanced Study, Cell and Chromosome Research, Department of Botany, University of Calcutta, Kolkata, vol. 31, n° 4, 2008, p. 447-457. Pour en savoir plus: <informahealth care.com/doi/abs/10.1080/01480540802390270?select23=Choose>.

137. Anne Dupanloup, *L'hyperactivité infantile: analyse sociologique d'une controverse socio-médicale,* thèse de doctorat présentée à l'Université de Neuchatel, Faculté des sciences économiques et sociales, 20 octobre 2004. Et Herta Hafer, *La drogue cachée: les phosphates alimentaires: cause de trouble du comportement, de difficultés scolaires et de délinquance juvénile,* 4e ed., Pailly, Éd. du Madrier, 1999.

138. G. Van Belle, J. R. Daling, B. Mcknight, «Aspartame ingestion and headaches: A randomized crossover trial», *Neurology*, n° 44, octobre 1994, p. 1787.

139. J. W. Olney, N. B. Farber, E. Spitznagel, L. N. Robins, «Increasing Brain Tumo Rates: is there a Link to Aspartame?», St. Louis, *Journal of Neuropathology and Experimental Neurology*, vol. 55, n° 11, novembre 1996, p. 1115-1123.

140. Morando Soffritti, Fiorella Belpoggi, Davide degli Esposti *et al.,* «First Experimental Demonstration of the Multipotential Carcinogenic Effects of Aspartame administred in the Feed to Sprague-Dawley Rats», Cesare Maltoni Cancer Research Center, Bologna, *Environmental Health Perspectives*, vol. 114, n° 3, mars 2006, p. 379-385.

141. M. Soffritti, F. Belpoggi, M. Manservigi, E. Tibaldi, *et al.,* «Aspartame Administered in Feed, Beginning Prenatally through Life Span, Induces Cancers of the Liver and Lung in Male Swiss Mice», *American Journal of Industrial Medecine*, vol. 53, n° 12, décembre 2010, p. 1197-1206.

142. T. I. Halldorsson, M. Strom, S. B. Peterson, S. F. Olsen, «Intake of Artificially Sweetened Soft Drinks and Risk of Preterm Delivery: A Prospective Cohort Study in 59 334 Danish Pregnant Women», *The American Journal of Clinical Nutrition*, vol. 92, n° 3, septembre 2010, p. 626-633.

202   L'ENVERS DE L'ASSIETTE

143. State of California Environmental Protection Agency, Office of Environmental Health Hazard Assessment Safe Drinking Water and Toxic Enforcement act of 1986, « Chemicals Known to the State to Cause Cancer or Reproductive Toxicity, janvier 2011, <oehha.ca.gov/prop65/prop65_list/Newlist.html>.

144. *Study on Enhancing the Endocrine Disrupter Priority List with a Focus on Low Production Volume Chemicals*, DHI Water and Environment, rapport révisé pour la commision européenne de l'Environnement, 2007, <ec.europa.eu/environment/endocrine/documents/final_report_2007.pdf>.

145. W. H. Yang, M. A. Drouin, M. Herbert, Y. Mao, J. Karsh, « The Monosodium Glutamate Symptom Complex; Assessment in a Double-Blind, Placebo-Controlled, Randomized Study », *The Journal of Allergy and Clinical Immunology*, vol. 99, n° 6, Part 1, juin 1997, p. 757-762.

146. V. Von Diemen, M. R. Trindade, « Effect of the oral Administration of Monosodium Glutamate during Pregnancy and Breast-Feeding in the Offspring of Pregnant Wistar Rats », Federal University of Rio Grande Brazil *Acta Cirurgica Brasileira*, vol. 25, n° 1, février 2010, p. 37-42. Voir aussi S. Gill Santokh, Mueller W. Reudi, F. Peter, *et al.*, « Potential Target Sites in Peripheral Tissues for Excitatory Neurotransmission and Excitotoxicity », *Toxicologic Pathology*, vol. 28, n° 2, 2000, p. 277-284.

147. M. Miyauchi, H. Nakamura, F. Furukawa, H. Y. Son, *et al.*, « Promoting Effects of Combined Antioxydant and Sodium Nitrite Treatment on Forestomach Carcinogenesis in Rats after Initiation with N-Methyl-N'-Nitro-N-Nitrosoguanidine », Division of Pathology, National Institute of Health Sciences, Tokyo, recherche citée dans *The Cancer Letter*, vol. 178, n° 1, avril 2002, p. 19-24.

148. Jean Brender, Janus Olive, Marilyn Felkner, *et al.*, « Intake of Nitrates and Nitrites and Birth Defects in Offspring », The Sixteenth Conference of the International Society for Environmental Epidemiology (ISEE), *Epidemiology*, vol. 15, n° 4, juillet 2004, p. 184.

149. H. Vally, N. L. Misso, V. Madan, « Clinical Effects of Sulphite Additives », *Clinical and Experimental Allergy*, vol. 39, n° 11, novembre 2009, p. 1643-1651.

150. Stender Steen, M. D. Jørn, M. D. Dyerberg, « High Level of Industrially Produced Trans Fat in Popular Fast Food », *The New England Journal of Medecine*, vol. 354, 13 avril 2006, p. 1650-1652.

151. Jorge E. Chavarro, Janet W. Rich-Edwards, Bernard A. Rosner et Walter C. Willett, « Dietary Fatty Acid Intakes and the Risk of Ovulatory Infertility », *American Journal of Clinical Nutrition*, vol. 85, n° 1, janvier 2007, p. 231-237.

152. M. C. Morris, D. A. Evans, J. L. Bienias, C. C. Tangney, *et al.*, « Dietary Fats and the Risk of Incident Alzheimer Disease », *Archives of Neurology*, vol. 60, n° 7, juillet 2003, p. 194-200.

153. Santé Canada, ensemble de données de surveillance des gras trans, février 2009, <www.hc-sc.gc.ca/fn-an/nutrition/gras-trans-fats/tfa-age_tc-tm-intro-fra.php>.

154. Fabien Deglise, « Dans le ventre d'un irradiateur », Le Devoir, 9 décembre 2002, p. A3.

155. ACIA, « Irradiation des aliments », fiche de renseignement, 1ᵉʳ mai 2003.

156. Laure Waridel, L'envers de l'assiette. Et quelques idées pour la remettre à l'endroit, 2ᵉ ed., Montréal, Éditions Écocosiété, 2011. Et entrevue avec Julie Brière, spécialiste en nutrition.

157. Food and Water Watch, « Food irradiation and vitamins lost », fiche d'information, novembre 2007.

158. Bell Warren, président de la Canadian Association of Physicians for the Environment, Food irradiation, Scientific Objections to an Ineffective and Possibly Dangerous Technology, lettre, 16 janvier 2003.

159. A.W. William, « Expert Affidavit on Safety Issues of Irradiated Food for School Children », 10 décembre 2002.

160. Nordion International inc., dépliant portant sur l'irradiation des aliments, 1994.

161. ACIA, Irradiation des aliments, op. cit.

162. Ibid. Voir aussi Fabien Deglise, « Listériose – L'irradiation des aliments revient au programme », Le Devoir, 8 septembre 2008.

163. Agriculture et Agroalimentaire Canada, Guide d'étiquetage et de publicité sur les aliments, 1ᵉʳ mai 2003, <www.inspection.gc.ca/francais/bureau/labeti/guide/4-0-1bf.shtml>.

164. Ibid.

165. Yves Gagnon, La culture écologique: des plantes légumières, Saint-Didace, Éditions Colloïdales, 1998.

166. Conseil des appellations réservées et des termes valorisants (CARTV), Usage de l'appellation biologique au Québec, 2010. Et communication par courriel avec Yves Gélinas, coordonnateur des relations avec le public et l'industrie, 20 janvier 2011.

167. CARTV, Guide d'utilisation du logo Bio-Québec, document obtenu le 11 janvier 2011, p. 1-2, <cartv.gouv.qc.ca/sites/documents/logo_bio_quebec/pdf/logo_bio_quebec_guide.pdf>.

168. Ariane Krol, « Le bio à un tournant », La Presse, 2 février 2011.

169. Conversation téléphonique avec Bernard Dallaire de l'Agence canadienne d'inspection des aliments (ACIA), 5 mai 2003.

170. Fédération des producteurs de volailles du Québec, 2 mai 2003, <lepouletduquebec.qc.ca>.

171. <www.greenpeace.org/canada/Global/canada/report/2010/6/Poissons%20-%20Faites%20le%20bon%20choix.pdf>.

172. SeaChoice, Guide canadien des poissons et fruits de mer, <www.seachoice.org/files/asset/file/54/SeaChoice_Alertcard_French.pdf>. La version française de ce guide est actuellement en cours d'actualisation.

173. Marine Stewardship Council (MSC), <www.msc.org/suivre-une-pecherie/pecheries-certifiees/pecheries-certifiees>.

174. Gaëlle Dupont, « Polémique autour de la pêche certifiée "durable" », *Le Monde*, 7 septembre 2010.
175. <www.greenpeace.org/canada/fr/photosvideos/guide-des-produits-ogm/>.
176. Voir les livres d'Yves Gagnon parus à ce sujet aux Éditions Colloïdales.

PLAT DE RÉSISTANCE

JUSTE

1. Tristram Stuart, *Waste: Uncovering the Global Food Scandal*, New York, W. W. Norton & Company, 2009.
2. Jeff Harrison, « Study: Nation Wastes Nearly Half Its Food », *University of Arizona News*, 18 novembre 2004; Timothy W. Jones, « The corner on food loss », *Biocycle*, vol. 46, n° 7, 2005.
3. Cécile Gladel, « Manger dans les poubelles », *La Presse*, 18 janvier 2007.
4. Timothy W. Jones, *op. cit.*; et Tristram Stuart, *op. cit.*
5. John Preston, « Waste: Uncovering the Global Food Scandal by Tristram Stuart: review », *The Telegraph*, 12 juillet 2009.
6. WAFU, « Re-think what you use and waste! », <www.wafu.com.au/policies.html>.
7. Cécile Gladel, *op. cit.*
8. Tristram Stuart, *op. cit.*; Feeding the 5000, « Food Waste Facts », 2009, <www.feeding5k.org/food-waste-facts.php>; Jeff Harrison, *op. cit.*; entrevue de Bob Hirshon avec Tim Jones, 16 décembre 2004, « Wasted Food », *Science Update*, <www.scienceupdate.com>.
9. Statistique Canada, « Statistiques annuelles, Section 1: Les aliments au Canada », <www.statcan.gc.ca/pub/16-201-x/2009000/part-partie1-fra.htm>.
10. Télé-Québec, *La vie en vert*, émission du 11 novembre 2009, <vieenvert.telequebec.tv/occurrence.aspx?id=537>.
11. Programme des Nations Unies pour l'environnement (PNUE), *Agriculture: A Catalyst for Transitioning to a Green Economy*, Brève, 2010, <www.unep.ch/etb/publications/Agriculture/UNEP_Agriculture.pdf>.
12. Jean Ziegler (ancien rapporteur spécial pour le droit à l'alimentation du Conseil des droits de l'homme de l'Organisation des Nations Unies), *La faim et les droits de l'homme*, Comité pour l'annulation de la dette du tiers-monde, 8 avril 2008, <www.cadtm.org/La-faim-et-les-droits-de-l-homme>.
13. Adam Vaughan, « Halte au gâchis alimentaire! », *The Guardian*, texte repris par *Courrier international*, octobre-novembre 2009, p. 83-84.
14. Organisation des Nations Unies pour l'alimentation et l'agriculture (FAO), *Alimentation, énergie et climat: une nouvelle équation*, 2008, p. 4, <ftp://ftp.fao.org/docrep/fao/011/i0330f/i0330f00.pdf>.
15. Arnold Bender, « Meat Production and Quality », *Meat and Meat Products in Human Nutrition in Developing Countries*, Organisation des Nations Unies pour l'alimentation et l'agriculture (FAO), 1992, <www.fao.org/docrep/t0562e/t0562e00.HTM>.

16. Organisation des Nations Unies pour l'alimentation et l'agriculture (FAO), « L'utilisation de l'eau en agriculture », *L'eau, l'agriculture et l'alimentation*, <www.fao.org/docrep/007/y4683f/y4683f07.htm>.

17. Vincent Castel, Pierre Gerber, Cees de Haan, Mauricio Rosales, Henning Steinfeld et Tom Wassenaar, *Livestock's Long Shadow. Environmental Issues and Options*, Rome, Organisation des Nations Unies pour l'alimentation et l'agriculture, 2006, p. xxi, <ftp://ftp.fao.org/docrep/fao/010/a0701e/a0701e00.pdf>.

18. Roger Segelken, « U.S. could feed 800 million people with grain that livestock eat, Cornell ecologist advises animal scientists », *Science News*, Cornell University, communiqué de presse, 7 août 1997, <www.news.cornell.edu/releases/aug97/livestock.hrs.html>.

19. Vincent Castel *et al.*, *op. cit.*, p. xxi.

20. *Ibid.*

21. Anne-Marie Roy et Patricia Tulasne, *Végétariens... mais pas légumes!*, Montréal, Publistar, 2003.

22. Site Internet de la campagne « Lundi sans viande », « Les raisons de santé », <www.lundisansviande.net/pourquoi-sans-viande/>, consulté le 1ᵉʳ février 2011.

23. *Ibid.*

24. Organisation des Nations Unies pour l'alimentation et l'agriculture (FAO), « Recul de la faim dans le monde, qui reste néanmoins à des niveaux inadmissibles », septembre 2010, <www.fao.org/docrep/012/al390f/al390f00.pdf>.

25. World Hunger Education Service, « 2011 World Hunger and Poverty Facts and Statistics », <www.worldhunger.org/articles/Learn/world%20hunger%20facts%202002.htm>.

26. Bilan des morts : 3019 personnes (New York, Pentagone et Pennsylvanie).

27. World Hunger Education Service, « 2011 World Hunger and Poverty Facts and Statistics », <www.worldhunger.org/articles/Learn/world%20hunger%20facts%202002.htm>.

28. Jean Ziegler, *Les nouveaux maîtres du monde et ceux qui leur résistent*, Paris, Fayard, 2002, p. 15 ; World Hunger Education Service, *op. cit.*

29. Soit 2,5 milliards de personnes, selon les chiffres les plus récents de la Banque mondiale qui datent de 2005. Voir « La pauvreté », Actualités, Banque mondiale, <web.worldbank.org/WBSITE/EXTERNAL/ACCUEILEXTN/NEWSFRENCH/0,,contentMDK:20486990~pagePK:64257043~piPK:437376~theSitePK:1074931,00.html>.

30. La fortune additionnée des trois personnes les plus riches équivaut à 153,5 milliards de dollars. Voir le magazine *Forbes*, « Special Report : The World's Billionaires », 3 octobre 2010, et « Indice de développement humain. Classements 2010 », Programme des Nations Unies pour le développement (PNUD), <hdr.undp.org/fr/statistiques>. Quatorze des 16 pays les moins développés cumulent un PIB de 153 milliards pour une population totale de 336 944 100 personnes.

31. Aditya Chakrabortty, « Secret report : biofuel caused food crisis. Internal World Bank study delivers blow to plant energy drive », *The*

Guardian, 3 juillet 2008, <www.guardian.co.uk/environment/2008/jul/03/biofuels.renewableenergy>.

32. Voir le dossier « Une consommation responsable d'huile de palme pour baisser notre impact sur les forêts », WWF-France, <www.protegelaforet.com/consolutions/huile-de-palme> ; Emmanuelle Grundmann, « Orangs-outans : chronique d'une extinction », *Courrier de l'environnement de l'INRA*, n° 43, 2001, p. 108-116, <www.inra.fr/dpenv/grunc43.htm>.

33. « Repère. Terre agricole », *Libération*, 15 octobre 2010, <www.liberation.fr/terre/01012296362-reperes>. Voir aussi le site du Food Crisis and the Global Land Grab : <farmlandgrab.org/>.

34. Claire Sotinel, « Prises de terres à tout bout de champs », *Libération*, 15 octobre 2010, <www.liberation.fr/terre/01012296363-prises-de-terres-a-tout-bout-de-champs>.

35. NdÉ : le jatropha est un arbuste de plus en plus cultivé pour ses fruits riches en huile et pour sa capacité à survivre dans des conditions arides.

36. Arthur Frayer, « La terre siphonnée par les agrocarburants », *Libération*, 5 octobre 2010, <www.liberation.fr/terre/01012294290-la-terre-siphonnee-par-les-agrocarburants>.

37. Conférence de Clara I. Nicholls, professeure au Center for Latin American Studies de Berkeley University, présentée à La Cocha, Colombie, le 30 juin 2010, à l'invitation de l'Asociación para el Desarrollo Campesino (ADC).

38. Julian Borger, « Rich Countries Launch Great Land Grab to Safeguard Food Supply », *The Guardian*, 22 novembre 2008, <www.guardian.co.uk/environment/2008/nov/22/food-biofuels-land-grab> ; Tom Burgis et Javier Blas, « Madagascar scraps Daewoo farm deal », *Financial Times*, 18 mars 2009, <www.ft.com/cms/s/0/7e133310-13ba-11de-9e32-0000779fd2ac.html#axzz1D1yLsSJ2> ; Sarah Stewart, « Land grab' in poor nations. Driven by global trends », *Agence France-Presse*, 1er avril 2009, <business.inquirer.net/money/breakingnews/view/20090104-181328/Land-grab-in-poor-nations>.

39. Laetitia Clavreul, « Au Mali, les nouvelles mises en culture bénéficient surtout aux investisseurs libyens », *Le Monde*, 15 avril 2009 ; et Anwar Elshamy, « Ghana presents $700mn investment proposals to Qatar food firm », *The Gulf Times*, 3 mai 2010, <http://www.gulf-times.com/site/topics/article.asp?cu_no=2&item_no=359102&version=1&template_id=57&parent_id=56>. Voir aussi le site de l'organisme GRAIN dédié à ce sujet : <farmlandgrab.org/>.

40. Statistique Canada, « Insécurité alimentaire des ménages, 2007–2008 », *Le Quotidien*, <www.statcan.gc.ca/pub/82-625-x/2010001/article/11162-fra.htm>.

41. Poor no more, « Facts about the Working Poor in Canada », 11 janvier 2010, <www.poornomore.ca/index.php?pagename=blogs&news_id=19>.

42. Banques alimentaires Canada, « Faits saillants et statistiques. Bilan-Faim 2010 », <foodbankscanada.ca/main4.cfm ?id=10718927-B6A7-8AA0-632DD0792BC8AAD0>.

43. Statistique Canada, « L'insécurité alimentaire dans les ménages canadien. 1998-1999 », *op. cit.*

44. Institut de la statistique du Québec, Enquête sur la santé dans les collectivités canadiennes, 2004.

45. Organisation mondiale de la santé (OMS), *Obésité et surpoids*, aide-mémoire n° 311, février 2011.

46. Le Regroupement des cuisines collectives du Québec (RCCQ) invite ses membres à s'approvisionner auprès de fermes biologiques d'ici. Pour télécharger le guide *Directement de la ferme, cuisiner selon les saisons* : <www.rccq.org/fr/lautonomie-alimentaire/ma-ferme-ecologique.html>.

47. Voir le site du Regroupement des cuisines collectives du Québec (RCCQ) : <www.rccq.org>.

48. Voir la campagne « Dans la marge jusqu'au cou ! » de la Coalition des associations de consommateurs du Québec (CACQ), <cacq.ca/dans-la-marge.html>.

49. Michel Chossudovsky, *La mondialisation de la pauvreté*, Montréal, Éditions Écosociété, 1998.

50. Dette et développement. Plate-forme d'action et d'information sur la dette des pays du Sud, « La dette en chiffres », <www.dette2000.org/chiffres.php>, consulté le 10 janvier 2011.

51. Conférence des Nations Unies sur le commerce et le développement (CNUCED), « Le marché de la banane », *Information de marché dans le secteur des produits de base*, <www.unctad.org/infocomm/francais/banane/marche.htm> ; Jacqueline Peltre-Wurtz, *Alimentation et pauvreté en Équateur. Manger est un combat*, Paris, Éditions Karthala, 2004 ; Programme alimentaire mondial (PAM), « Food Insecurity and Malnutrition on Ecuador's Northern Border », <www.wfp.org/countries/ecuador>.

52. Agriculture et agroalimentaire Canada (AAC), « Profil régional du secteur agroalimentaire. Communauté andine (Bolivie, Colombie, Équateur, Pérou) », juillet 2009, <www.ats.agr.gc.ca/lat/4326-fra.htm>.

53. UNICEF, « Statistiques. Équateur », <www.unicef.org/french/infoby-country/ecuador_statistics.html>.

54. Jean Ziegler, « La faim et les droits de l'homme », texte présenté au forum Quelle agriculture pour quelle alimentation ?, 8 avril 2008, et publié sur le site du Comité pour l'annulation de la dette du tiers-monde, <www.cadtm.org/La-faim-et-les-droits-de-l-homme>.

55. Organisation internationale du travail, Programme international pour l'abolition du travail des enfants, Le travail des enfants par secteur, Agriculture, <www.ilo.org/ipec/areas/Agriculture/lang--fr/index.htm>.

56. United Nations Development Report (UNDP), *Fighting Climate Change : Human Solidarity in a Divided World*, Human Development Report 2007/2008, p. 41-42, <hdr.undp.org/en/reports/global/hdr2007-2008/>.

57. Biodiversity International, exposition *Des bananes pour la vie*, Gambloux (Belgique), Espace Athena, du 17 novembre au 19 décembre 2010, <www.nourrirlaplanete.be/desbananespourlavie/>.

58. Programme des Nations Unies pour l'alimentation et l'agriculture (FAO), Statistiques, Afghanistan, 2007, <faostat.fao.org/site/342/default.aspx>.

59. Action Aid, *Who Pays? How British Supermakets Are Keeping Women Workers in Poverty*, <www.actionaid.org.uk/doc_lib/actionaid_who_pays_report.pdf>.

60. Brett Popplewell, « Banana Republic », *The Toronto Star*, 15 août 2009.

61. Yamileth Astorga, *The Environmental Impact of the Banana Industry: A Case Study of Costa Rica*, mai 1998, <www.bananalink.org.uk/documents/Current_Environmental_Impact_by_Y_Astorga.doc>.

62. *Ibid.*

63. The Pesticide Action Network (PAN), « DBCP - Identification, toxicity, use, water pollution potential, ecological toxicity and regulatory information », <www.pesticideinfo.org/Detail_Chemical.jsp?Rec_Id=PC 33459>, consulté le 23 janvier 2011.

64. The Pesticides Action Network North America (PANNA), « Banana Workers Win Against Dow, Shell & Standard Fruit », communiqué du 6 janvier 2003. Voir aussi le film *Bananas!* de Fredrik Gertten, WG Film, 2009.

65. Programme des Nations Unies pour l'alimentation et l'agriculture (FAO), « UN food agency adopts an international code on pesticide use », communiqué du 4 novembre 2002, <www.un.org/apps/news/storyAr.asp?NewsID=5245&Cr=pesticide&Cr1=> ; Organisation mondiale de la santé (OMS) et Bureau international du travail, « Le nombre des accidents du travail et des maladies professionnelles continue d'augmenter », communiqué du 28 avril 2005, <www.who.int/mediacentre/news/releases/2005/pr18/fr/index.html>.

66. Pour en savoir davantage sur les enjeux liés à l'eau, voir les ouvrages de Maude Barlow, dont *Vers un pacte de l'eau*, Montréal, Éditions Écosociété, 2009 et *L'or bleu*, Montréal, Boréal Compact, 2005. Voir aussi l'entrevue avec Riccardo Petrella, Aurore Lehmann, « L'eau n'est pas d'or », *Voir.ca*, avril 2010.

67. La Presse canadienne, « Les sables bitumineux polluent l'air et l'eau des Albertains », *Le Devoir*, 31 août 2010. Voir l'ouvrage d'Andrew Nikiforuk, *Les sables bitumineux: la honte du Canada*, Montréal, Éditions Écosociété, 2010.

68. Charles Côté, « Gaz de schiste: 1435 infractions en Pennsylvanie », *La Presse*, 26 août 2010.

69. Food and Water Watch, « Bottling Our Cities' Tap Water: Share of Bottled Water from Municipal Supplies Up 50 Percent », communiqué du 12 août 2010.

70. Communication par courriel de Martine Chatelain, présidente de la Coalition Eau secours!, 1er février 2011.

71. « L'accès à l'eau potable devient un droit de l'Homme », *Le Monde*, 29 juillet 2010.

72. Voir le prochain livre de Laure Waridel, *Dessine-moi une multinationale* (titre provisoire), à paraître en 2012 aux Éditions Écosociété.

73. Joël Barkan, *The Corporation. The Pathological Pursuit of Profit and Power*, Toronto, Penguin Canada, 2004, p. 159.

74. ETC Group, *Who owns nature?*, 2008, p. 10, <www.etcgroup.org/en/node/706>.

75. Voir les communiqués de presse de ces entreprises sur leur site Internet.

76. ETC Group, *op. cit.*, p. 12-13.

77. John Petroff, « Chapitre 7 : Oligopoly », *Microeconomics. Fundamentals of Economics II*, Organisation internationale d'éducation professionnelle (PEOI), 2002.

78. ETC Group, *op. cit.*, p. 12-15.

79. Organization for Competitive Markets, « Monsanto Corn Seed Price Hikes a Threat to Agriculture », communiqué de presse du 24 juillet 2008.

80. Vandana Shiva, *Le terrorisme alimentaire. Comment les multinationales affament le Tiers-Monde*, Paris, Fayard, 2001, p. 16.

81. Pauline Gravel, « La chasse aux brevets permet au Nord de piller le Sud », *Le Devoir*, 31 août et 1er septembre 2002, p. F-11.

82. Philip H. Howard, « Visualizing Consolidation in the Global Seed Industry. 1996-2008 », *Sustainability*, vol. 1, no 4, 8 décembre 2009, p. 1266-1287.

83. Hope J. Shand, « Intellectual Property : Enhancing Corporate Monopoly and Bioserfdom », dans Andrew Kimbrell, *Fatal Harvest : The Tragedy of Industrial Agriculture*, Washington (D.C.), Island Press, 2002, p. 321-324.

84. Statistique Canada, « Le revenu net réalisé des agriculteurs canadiens a diminué en 2009 », 25 mai 2010, <www.statcan.gc.ca/pub/21-010-x/2010001/aftertoc-aprestdm1-fra.htm>.

85. Action Aid International, *Power hungry : Six reasons to regulate global food corporation*, janvier 2005, p. 4, <www.actionaid.org/main.aspx?PageID=189>.

86. *Ibid.*

87. Entretien téléphonique avec Robert Bouchard, responsable du développement des marchés pour Agriculture et Agroalimentaire Canada, Montréal, 10 décembre 1996.

88. Joël Barkan, *op. cit.*, p. 123.

89. International Labor Rights Forum, *The Sour Taste of Pineapple*, 20 octobre 2008, p. 10, <www.laborrights.org/creating-a-sweatfree-world/resources/10745>.

90. *Ibid.*

91. Ministère de l'Agriculture, des Pêcheries et de l'Alimentation du Québec (MAPAQ), « Part de marché des principaux distributeurs alimentaires au Québec, 2008-2010 », <www.mapaq.gouv.qc.ca/fr/Transformation/md/statistiques/distribution/Pages/distribution.aspx>.

92. Fabien Deglise, « Un secteur alimentaire lucratif en pleine croissance. La course au bio », *Le Devoir*, 6 et 7 juillet 2002.

93. Small Planet Foods, <www.cfarm.com>.

94. Geneviève Grimm-Gobat, « Pourquoi McDonald's vend du "café éthique" de Max Havelaar », Largeur.com, 8 avril 2003.

95. Severin Carrell, « Cadbury takeover raises doubts over Kraft's business ethics », *The Guardian*, 20 janvier 2010.

96. Ève Dumas, « La Dairy Milk, équitable sur toute la ligne ? », *La Presse*, 30 août 2010; The Mindful Table, « Fair Trade Cadbury Dairy Milk Arrives in Canada », 10 août 2010, <www.mindfultable.ca/2010/08/fair-trade-cadbury-dairy-milk-arrives-in-canada/>.

97. Restaurantcentral.ca, « Fair Trade Certified Cadbury Dairy Milk hit store shelves in Canada », 17 août 2010, < www.restaurantcentral.ca/FairTradeCertifiedCadburyDairyMilkHitsStore.aspx>.

98. *Ibid.*

99. Voir la page « Où trouver équitable ? » d'Équiterre, <www.equiterre.org/solution/ou-trouver-equitable>, et le site de TransFair Canada, <transfair.ca>.

100. Laure Waridel, *Acheter, c'est voter. Le cas du café*, Montréal, Éditions Écosociété, 2005.

101. Fair Trade International (FLO), *Fair Trade Leading the Way*, Rapport annuel 2008-2009, <www.fairtrade.net/fileadmin/user_upload/content/2009/resources/FLO_ANNUAL_REPORT_08-09.pdf>.

102. Laure Waridel, *Acheter, c'est voter. Le cas du café*, *op. cit.*

103. Voir le magnifique livre d'Éric St-Pierre, *Le commerce équitable. Quand des hommes défient le marché*, Paris, Aubanel, 2008.

104. Équiterre, « L'éthique derrière l'étiquette: Équiterre démystifie les logos équitables », communiqué du 11 novembre 2010, <www.equiterre.org/communique/l'ethique-derriere-l'etiquette-equiterre-demystifie-les-logos-equitables>.

105. Voir le Guide des certifications en commerce équitable mis en ligne par Équiterre, <www.equiterre.org/sites/fichiers/equiterre_ethique13_VF10-08-2010.pdf>.

106. Voir le site <transfair.ca>.

107. Voir le site du Fair Trade International, pour plus de détails, <www.fairtrade.net/about_us.0.html>.

108. Ecocert, « Référentiel ESR d'ECOCERT. Équitable », <www.ecocert.com/equitable-solidaire-responsable-esr>.

109. Pour plus d'informations, voir Fair for Life, « About the Fair for Life Social & Fair Trade Certification Programme », <www.fairforlife.net/logicio/pmws/indexDOM.php?client_id=fairforlife&page_id=about&lang_iso639=en>.

110. Geneviève Aude Puskas, *L'éthique derrière l'étiquette*, Équiterre, 2010, p. 13, <www.equiterre.org/sites/fichiers/equiterre_ethique13_VF10-08-2010.pdf>.

111. <www.rainforest-alliance.org/>.

112. Rainforest Alliance, Certify your farm, <www.rainforest-alliance.org/ agriculture/certification>, consulté le 31 janvier 2011 ; et Geneviève Aude Puskas, « L'éthique derrière l'étiquette », Équiterre, 2010, p. 13, <www.equiterre.org/sites/fichiers/equiterre_ethique13_VF10-08-2010. pdf>.

DESSERT
FAIRE DE NOTRE ASSIETTE UN PROJET DE SOCIÉTÉ

1. Évaluation internationale des connaissances, des sciences et des technologies agricoles pour le développement, *Résumé analytique du rapport de synthèse*, document approuvé dans le détail par les gouvernements de la région Central and West Asia and North Africa (CWANA) au cours d'une assemblée plénière intergouvernementale tenue à Johannesburg, Afrique du Sud, 7-11 avril 2008, p. vii.
2. International Assessment of Agricultural Knowledge, Science and Technology for Development (IAASTD), *Agriculture at a Crossroads, Global Report*, Washington, Island Press, 2009.
3. « The way the world grows its food will have to change radically to better serve the poor and hungry if the world is to cope with a growing population and climate change while avoiding social breakdown and environmental collapse. » IAASTD, « Agriculture : the Need for Change », communiqué de presse, 15 avril 2008.

RESSOURCES

DES ORGANISMES ET DES SITES INTERNET

Entrée : NU

Action Re-buts : <actionrebuts.org>

Conseil général de l'environnement (CRE) de Montréal (dossier sur les matières résiduelles) : <www.cremtl.qc.ca/index.php?id=16>

Front commun québécois pour une gestion écologique des déchets (FCGED) : <www.fcqged.org>

Nature-Action Québec : <nature-action.qc.ca/nature_action>

Recyc-Québec : <www.recyc-quebec.gouv.qc.ca/client/fr/accueil.asp>

Regroupement des éco-quartiers de Montréal : <www.eco-quartiers. org>

Deuxième service : NON-LOIN

Aliments du Québec : <www.alimentsduquebec.com>

Cartographie des fermes près de chez-vous : <equiterre.org/solution/ dune-ferme-pres-de-chez-vous>

Coalition pour la souveraineté alimentaire Nourrir notre monde : <www.nourrirnotremonde.org>

Confédération paysanne : <www.confederationpaysanne.fr>

National Farmers Union of Canada (NFU) : <www.nfu.ca>

Semences du patrimoine : <www.semences.ca>

Slow Food : <www.slowfood.com>

Toronto Food Policy Council: <www.toronto.ca/health/tfpc_index.htm>

Union des producteurs agricoles du Québec (UPA): <www.upa.qc.ca>

Union paysanne: <www.unionpaysanne.com>

Vía Campesina: <www.viacampesina.org/fr>

Vivre en ville, regroupement québécois pour le développement urbain rural et villageois viable: <www.vivreenville.org>

Troisième service: NATUREL

Centre d'agriculture biologique du Canada: <www.organicagcentre.ca/index_f.asp>

CABC section Québec: <www.organicagcentre.ca/RegionsCanada/quebec_welcome_f.asp>

Conseil des accréditations réservées et des termes valorisants du Québec: <cartv.gouv.qc.ca>

Eau Secours! Coalition québécoise pour une gestion responsable de l'eau: <eausecours.org>

Expo Manger Santé: <www.expomangersante.com>

Fondation David Suzuki: <www.davidsuzuki.org>

The Global Aquaculture Alliance: <www.gaalliance.org>

Greenpeace: <www.greenpeace.ca>

Horticulture écologique (Équiterre): <www.equiterre.org/projet/horticulture-ecologique>

Institut des sciences de la mer de Rimouski: <www.ismer.ca>

Institute of Science in Society: <www.i-sis.org.uk/index.php>

Les Jardins du Grand-Portage: <www.jardinsdugrandportage.com>

Marine Stewardship Council: <www.msc.org>

National Audubon Society: <www.audubon.org>

Nature Québec/UQCN: <www.naturequebec.org/pages/accueil.asp>

Nourishing the Planet (blogue du World Watch sur les questions de sécurité alimentaire): <blogs.worldwatch.org/nourishingtheplanet>

Pêches et Océans Canada: <www.dfo-mpo.gc.ca/index-fra.htm>

Pesticide Action Network North America: <www.panna.org>

Programme des Nations Unies pour l'environnement, *Agriculture: A Catalyst for Transitioning To a Green Economy*, <www.unep.ch/etb/publications/Agriculture/UNEP_Agriculture.pdf>

Réseau québécois des groupes écologistes (RQGE): <www.rqge.qc.ca>

Société royale du Canada, rapport du Groupe d'experts sur l'avenir de la biotechnologie alimentaire, <www.rsc.ca/files/publications/expert_panels/foodbiotechnology/indexFR.html>

Plat de résistance: JUSTE

Alternatives, réseau d'action et de communication pour le développement international: <www.alternatives.ca>

Amnistie internationale: < http://www.amnistie.ca/site>

Association québécoise des organismes de coopération internationale (AQOCI): <www.aqoci.qc.ca>

Bureau de la concurrence (Industrie Canada): <www.bureaudelaconcurrence.gc.ca/eic/site/cb-bc.nsf/fra/Accueil>

Carrefour Tiers-Monde:<www.carrefour-tiers-monde.org>

Centrale des syndicats démocratiques (CSD): <www.csd.qc.ca>

Centrale des syndicats nationaux (CSN): <www.csn.qc.ca/web/csn/menu_accueil>

Centre de recherches pour le développement international (CRDI): <www.idrc.ca>

Centre de solidarité internationale du Saguenay-Lac-Saint-Jean: <www.centreso.saglac.org>

Centre d'études et de coopération internationale (CECI): <www.ceci.ca/fr>

Centre international de solidarité ouvrière (CISO): <www.ciso.qc.ca>

Chantier de l'économie sociale: <www.chantier.qc.ca>

Common Dreams (revue de presse): <www.commondreams.org>

Conseil canadien pour la coopération internationale (CCCI): <www.ccic.ca>

Corporate Europe Observatory (CEO): <www.corporateeurope.org>

Corporate Watch: <www.corpwatch.org>

Développement et Paix: <www.devp.org/devpme/main-fr.html>

Ethical Trading Initiative: <www.ethicaltrade.org>

Ethiquette.ca, bottin en ligne pour faire des choix écologiques et socialement responsables : <ethiquette.ca>

Farm Land Grab : <farmlandgrab.org>

Grain : <www.grain.org/accueil>

Groupe Investissement responsable : <www.gir-canada.com>

Human Rights Watch : <www.hrw.org>

International Forum on Globalization : <www.ifg.org>

Les AmiEs de la Terre de Québec : <www.atquebec.org/Accueil>

Observatoire des transnationales : <www.transnationale.org>

Oxfam international : <www.oxfam.org>

Oxfam Québec : <www.oxfam.qc.ca>

Plan Nagua : <www.plannagua.org>

La Plateforme pour un commerce équitable : <www.commercequitable.org>

Puskas, Geneviève Aude, *L'éthique derrière l'étiquette*, Équiterre, 2010, <www.equiterre.org/sites/fichiers/equiterre_ethique13_VF10-08-2010.pdf>.

Regroupement des entreprises d'économie sociale du Québec : <economiesocialequebec.ca>

Répertoire des entreprises d'économie sociale du Québec : <economiesocialequebec.ca/?module=directory&action=getDirList&division=0>

Ten Thousand Villages : <www.tenthousandvillages.ca>

Fair Trade Labelling Organization : <www.fairtrade.net>

TransFair Canada : <www.transfair.ca>

3N-J

Action Group on Erosion, Technology and Concentration (ETC group) (anciennement Rural Advancement Foundation International) : <www.etcgroup.org>

Assemblée nationale du Québec : <www.assnat.qc.ca>

Association québécoise pour la promotion de l'éducation relative à l'environnement (AQPERE) : <www.aqpere.qc.ca>

Banque mondiale : <www.banquemondiale.org>

Bureau d'audiences publiques sur l'environnement (BAPE) : <www.bape.gouv.qc.ca>

Carrefour Blé : <www.carrefourble.qc.ca>

Centrale des syndicats du Québec (CSQ) : <www.csq.qc.net>

Centre québécois du droit de l'environnement (CQDE) : <www.cqde. org>

Commission de coopération environnementale de l'Amérique du Nord : <www.cec.org>

Conférence des Nations Unies sur le commerce et le développement (CNUCED) : <www.unctad.org>

Conseil des Canadiens : <www.canadians.org>

Consumer's Choice Council : <www.consumerscouncil.org>

Coopérative biopaysanne : <www.coopbiopaysanne.ca>

D'abord solidaires : <www.dabordsolidaires.com>

Éditions Écosociété : <www.ecosociete.org>

Environnement Jeunesse (ENJEU) : <www.enjeu.qc.ca>

Équiterre : <www.equiterre.qc.ca>

Ethiquette. Le carrefour du consommateur responsable : <www.ethi-quette.ca>

Ferme Cadet-Roussel : <fermecadetroussel.org>

Global Exchange : <www.globalexchange.org>

Institute for Agriculture and Trade Policy (IATP) : <www.iatp.org>

International Social and Environmental Accreditation and Labelling (ISEAL) Alliance : <www.isealalliance.org>

Interpares : <www.interpares.ca>

Les Jardins urbains <www.lesjardinsurbains.ca>

Ministère de l'Agriculture, des Pêcheries et de l'Alimentation du Québec (MAPAQ) : <www.mapaq.gouv.qc.ca/fr/Pages/Accueil.aspx>

Ministère de l'Environnement du Québec (MENVQ) : <www.mddep. gouv.qc.ca>

Natural Capitalism : <www.naturalcapitalism.org>

Organisation des Nations Unies pour l'alimentation et l'agriculture (FAO) : <www.fao.org>

Programme des Nations Unies pour le développement (PNUD) : <www. undp.org/french>

Programme des Nations Unies pour l'environnement (PNUE) : <www. unep.org>

Regroupement des conseils régionaux de l'environnement (CRE): <www.rncreq.org>

Les Repères de Languirand: <www.repere.tv>

Research Foundation for Science, Technology and Ecology: <www.navdanya.org>

Réseau des écoles vertes Bruntland (CSQ): <evb.csq.qc.net>

Réseau québécois des femmes en environnement (RQFE): <www.rqfe.org>

Sabotage hormonal: <www.sabotage-hormonal.org>

Santé Canada: <www.hc-sc.gc.ca>

Worldwatch Institute: <www.worldwatch.org>

DES REVUES ET DES MAGAZINES

Adbusters: <www.adbusters.org>

Alternatives: <www.alternativesjournal.ca>

L'Agora: <www.agora.qc.ca>

L'Aut'Journal: <www.lautjournal.info>

Biobulle, le magazine bimestriel de L'Avis bio: <www.lavisbio.org/lavisbio2004/index2.html>

Magazine FrancVert: <www.francvert.org>

La Maison du XXIe siècle: <www.21esiecle.qc.ca>

Le Monde diplomatique: <www.monde-diplomatique.fr>

Le Mouton noir: <www.moutonnoir.com>

New Internationalist: <www.newint.org>

Le Nouvel Observateur: <tempsreel.nouvelobs.com>

Protégez-vous: <www.protegez-vous.qc.ca>

Québec Science: <www.quebecscience.qc.ca>

Relations: <www.revuerelations.qc.ca>

The Ecologist: <www.theecologist.org>

L'Écologiste (v.f. de *The Ecologist*):<www.ecologiste.org>

The Economist: <Economist.com>

DES LIVRES, DES ARTICLES ET DES RAPPORTS

« Agriculture : A Catalyst for Transitioning to a Green Economy », The United Nations Environment Programme (UNEP), <www.unep.ch/ etb/publications/Agriculture/UNEP_Agriculture.pdf>

ALI BRAC DE LA PERRIÈRE, Robert, et Franck SEURET, *Graines suspectes. Les aliments transgéniques : une menace pour les moins nantis*, Montréal, Éditions Écosociété, 2002.

BALKAN, Joël, *The Corporation : The Pathological Pursuit of Profit and Power*, Londres, Constable and Robinson, 2005.

BARLOW, Maude, et Tony CLARKE, *Global Showdown : How the New Activists Are Fighting Global Corporate Rule*, Toronto, Stoddart, 2001.

BARLOW, Maude, et Tony CLARKE, *La bataille de Seattle. Sociétés civiles contre mondialisation marchande*, Paris, Fayard, 2002.

BARLOW, Maude, et Tony CLARKE, *L'or bleu. L'eau, le grand enjeu du XXIe siècle*, Mantilly, Éditions Hachette Littérature, coll. « Pluriel », 2007.

BARLOW, Maude, *Vers un pacte de l'eau*, Montréal, Éditions Écosociété, 2009.

BELLO, Walden et Mara BAVIERA, *Food Wars*, Brooklin, Verso Press USA, 2009.

BOUCHARD, Roméo, *Plaidoyer pour une agriculture paysanne. Pour la santé du monde*, Montréal, Éditions Écosociété, 2002.

BOYD, D. T. et Dr David SUZUKI, *David Suzuki's Green*, Darwen et Vancouver, Greystone Books et David Suzuki Foundation, 2008.

BROWN, Lynda, *La vie en bio*, Montréal, Flammarion, 2001.

Centrale des syndicats du Québec (CSQ), *D'un commerce agréable et équitable*, 2002, <www.ceq.qc.ca/eav/commerce/outilsec.pdf>.

Centrale des syndicats du Québec (CSQ), *La Terre dans votre assiette*, 2002, <terre.csq.qc.net>.

CLÉMENT, Henri, *L'abeille, sentinelle de l'environnement*, Paris, Alternatives, 2009.

Corporate Europe Observatory, *Europe, Inc. : Dangerous Liaisons between EU Institutions and Industry*, Amsterdam, 1997.

COSTANZA, Robert, John CUMBERLAND, Herman DALY, Robert GOODLAND et Richard NORGAARD, *An Introduction to Ecological Economics*, St. Lucie, International Society for Ecological Economics, 1997.

DE BERNARD, François, *La Pauvreté durable*, Paris, Édition du Félin, 2002.

DEBROSSES, Philippe, *Krach alimentaire*, Paris, Éditions du Rocher, 1998.

DENHEZ, Frédéric, *Les pollutions invisibles*, Lonay, Delachaux et Niestlé, 2005.

DICUM, Greg et Nina LUTTINGER, *The Coffee Book: Anatomy of an Industry from Crop to the Last Drop*, New York, The New Press, 1999.

DUMAS, Maurice, *Les vers. Des croyances populaires au lombricompostage*, Montréal, Éditions Berger, 1996.

ESTEVA, Gustavo et Madhu Suri PRAKASH, *Grassroots Post-Modernism: Remaking the Soil of Cultures*, Londres, Zed Books, 1998.

GAGNON, Yves, *Le jardinage écologique*, Saint-Didace, Éditions Colloïdales, 2003.

GÉLINAS, Jacques B., *La globalisation du monde*, Montréal, Éditions Écosociété, 2000.

GOLDBURG, Rebecca *et al.*, *Biotechnology's Bitter Harvest: Herbicide Tolerant Crops and the Threat to Sustainable Agriculture*, The Biotechnology Working Group, 1990.

Greenpeace, *Guide des produits avec ou sans OGM*, 2003.

Greenpeace, *Des champs aux assiettes... Menaces!*, 2010.

Greenpeace, *Risques financiers et pesticides: une comparaison entre le gagne-pain des cultivateurs de coton Bt et celui des cultivateurs de coton biologique en Inde du Sud*, 2010.

GUILBEAULT, Steven, *Alerte! Québec à l'heure des changements climatiques*, Montréal, Boréal, 2009.

HARRISON, Pierre, *L'Empire Nestlé*, Genève, Favre, 1982.

HAWKEN, Paul, *The Ecology of Commerce: A Declaration for Sustainability*, New York, Harper Business, 1993.

HELD, David, Anthony MCGREW *et al.*, *Global Transformation: Politics, Economics and Culture*, Stanford, Stanford University Press, 1999, 515 p.

HELSON, Joan *et al.*, *The Ethical Shopper's Guide*, Peterborough, Broadview Press, 1992.

HUNTER, Elizabeth, *Je cultive, tu manges, nous partageons. Guide de l'agriculture soutenue par la communauté*, Montréal, Équiterre, 2000.

JACOBSON, Michael F. *et al.*, *À table sans risque*, Montréal, Éditions Stanké, 1993.

JACQUARD, Albert, *La matière et la vie*, Toulouse, Les Essentiels, 1995.

JOHNSON, Pierre-Marc et Karel MAYRAND, *Beyond Trade: The Case for a Broadened International Governance Agenda*, Montréal, Institute for Research on Public Policy, juin 2000.

KIMBRELL, Andrew (dir.), *Fatal Harvest: The Tragedy of Industrial Agriculture*, Washington, Island Press, 2002.

KLEIN, Naomi, *Journal d'une combattante*, Montréal, Leméac, 2003.

KLEIN, Naomi, *No Logo*, Toronto, Vintage Canada, 2000.

KNEEN, Brewster, *Les aliments trafiqués*, Montréal, Éditions Écosociété, 1999.

KNEEN, Brewster, *From Land to Mouth*, Toronto, NC Press, 1993.

KORTEN, David C., *The Post Corporate World: Life After Capitalism*, San Francisco, Kumarian Press and Berrett-Koehler Publishers, 1999.

LAPLANTE, Laurent, *L'utopie des droits universels*, Montréal, Éditions Écosociété, 2000.

LAPPÉ, Frances Moore, *Diet for a Small Planet*, Toronto, Random House, 1991.

LAPPÉ, Frances Moore et Joseph COLLINS, *L'industrie de la faim*, Montréal, Éditions l'Étincelle, 1977.

LATOUCHE, Serge, *Survivre au développement. De la décolonisation de l'imaginaire économique à la construction d'une société alternative*, Paris, Mille et Une Nuits, 2004.

LATOUCHE, Serge, *L'invention de l'économie*, Paris, Albin Michel, 2005.

LATOUCHE, Serge, *Le pari de la décroissance*, Paris, Fayard, 2006.

LATOUCHE, Serge, *Sortir de la société de consommation*, Paris, Les Liens qui libèrent, 2010.

LATULIPPE, Hugo, *Bacon: le livre*, Montréal, L'Effet Pourpre, 2003.

LEAN, Geoffrey et Don HINRICHSEN, *Atlas of the Environment*, Oxford, Helicon Publishing, 1992.

LEONARD, Annie, *Planète jetable*, Montréal, Éditions Écosociété, 2010.

McGONIGLE, Michael, « An Emerging Global Constitution », Focus on Forests and Communities, The International Network of Forests and Communities, Victoria, WTO Edition, novembre 1999.

MANDER, Jerry et Edward GOLDSMITH (dir.),*The Case Against the Global Economy and for a Turn toward the Local*, San Francisco, Sierra Club Books, 1996.

MAZOYER, Marcel et Laurence ROUDART, *Histoire des agricultures du monde. Du néolithique à la crise contemporaine*, Paris, Seuil, 2002.

McGREW, Antony, *The Transformation of Democracy*, Cambridge, Polity Press, 1997.

Ministère de l'Agriculture, des Pêcheries et de l'Alimentation du Québec (MAPAQ), *Politique ministérielle de développement durable*, Gouvernement du Québec, 1996.

MONGEAU, Serge, *La simplicité volontaire, plus que jamais...*, Montréal, Éditions Écosociété, 1998.

Nature-Action Québec, *Promotion du compostage domestique*, 4e édition, 1995.

Ontario Public Interest Research Group (OPIRG), *The Super Market Tour*, Toronto, McMaster University, 2002.

Oxfam, *Deux poids, deux mesures: commerce, globalisation et lutte contre la pauvreté*, 2002.

PENDERGRAST, Mark, *Uncommon Grounds: The History of Coffee and How It Transformed Our World*, New York, Basic Books, 1999.

PETRELLA, Riccardo, *Le Manifeste de l'eau*, Bruxelles, Éditions Labor, 1998.

PRIN, Olga, *Victimes d'un héritage contaminé*, Montréal, Publistar, 2002.

Programme des Nations Unies pour le développement (PNUD), *Rapport mondial sur le développement humain*, New York, 2002.

RAYMOND, Hélène, *Goût du monde ou saveurs locales?*, Québec, MultiMondes, 2009.

REEVES, Hubert (avec Frédéric LENOIR), *Mal de Terre*, Paris, Seuil, 2003.

REEVES, Hubert, *Je n'aurai pas le temps*, Paris, Seuil, 2008.

RICE, Paul D. et Jennifer MCLEAN, *Sustainable Coffee at the Crossroads*, Consumer's Choice Council, 1999.

ROBERT, Louis, *La bande d'ordures en action!*, Montréal, ENJEU, 1996.

ROBERTS, Wayne, Rod MACRAE et Lori STAHLBRAND, *Real Food for Change*, Toronto, Random House, 1999.

SALAZAR, Hilda et Laura CARLSEN, *The Social and Environmental Impacts of NAFTA: Grassroots Responses to Economic Integration*, Mexico, Red Mexicana de Acción Frente al Libre Comercio, 2001.

Santé Canada, *Enquête sur l'exposition des êtres humains aux contaminants dans le milieu. Un guide communautaire*, Services Canada, 1995.

SCHLOSSER, Eric, *Fast Food Nation*, Boston, Houghton Mifflin Company, 2001.

SEAGER, Joni, *The New State of the Earth Atlas*, 2ᵉ édition, Toronto, Simon & Schuster, 1995.

SERALINI, Gilles-Eric, *Ces OGM qui changent le monde*, Paris, Flammarion, 2010.

SEYBOLD, Patricia B., *The Customer Revolution: How to Thrive When Customers Are in Control*, New York, Crown Business, 2001.

SHIVA, Vandana, *Éthique et agroindustrie. Main basse sur la vie*, Paris, L'Harmattan, 1996.

SHIVA, Vandana, *Le terrorisme alimentaire*, Paris, Fayard, 2001.

SHIVA, Vandana, *La Guerre de l'eau: privation, pollution et profit*, Lyon, Parangon, 2003.

SHRYBMAN, Steven, *The World Trade Organization: A Citizen's Guide*, Ottawa et Toronto, The Canadian Centre for Policy Alternatives et James Lorimer & Company Ltd., 1999.

STIGLITZ, Joseph, *La grande désillusion*, Paris, Fayard, 2002, 324 p.

STIGLITZ, Joseph et Andrew CHARLTON, *Fair Trade For All*, Oxford, Oxford University Press, 2005.

STIGLITZ, Joseph, *Un autre monde: contre le fanatisme du marché*, Paris, Fayard, 2006.

STIGLITZ, Joseph, *Le Triomphe de la cupidité*, Paris, Les liens qui libèrent, 2010.

SUZUKI, David, *L'Équilibre sacré*, Montréal, Boréal, 2007.

VESANTO, Mélina *et al.*, *Devenez végétarien*, Montréal, Éditions de l'homme, 1996.

VILLENEUVE, Claude et Léon RODIER, *Vers un réchauffement global. L'effet de serre expliqué*, Québec, MultiMondes et Environnement Jeunesse, 1990.

WARIDEL, Laure et Sara TEITELBAUM, *Fair Trade: Contributing to Equitable Commerce in Holland, Belgium, Switzerland, and France*, Montréal, Équiterre, 1999.

WARIDEL, Laure, *Une cause café*, Montréal, Les Intouchables, 1997.

WARIDEL, Laure, *Coffee with Pleasure: Just Java and World Trade*, Montréal, Black Rose Books, 2002.

ZIEGLER, Jean, *Les nouveaux maîtres du monde et ceux qui leur résistent*, Paris, Fayard, 2002.

ZIEGLER, Jean, *Le droit à l'alimentation*, Paris, Mille et Une Nuits, 2003.

ZIEGLER, Jean, *L'empire de la honte*, Paris, Éditions Fayard, 2005.

ZIEGLER, Jean, *La haine de l'Occident*, Albin Michel, 2008.

DES FILMS

ARTHUS-BERTRAND, Yann, *Home*, Europa Corp., 2009.

BACK, Frédéric, *Le fleuve aux grandes eaux*, ONF, 1987.

BACK, Frédéric, *L'homme qui plantait des arbres*, ONF, 1993.

BELHUMEUR, Alain, *J'ai pour toi un lac*, ONF, 2001.

BRON, Jean-Stéphane, *Cleveland contre Wallstreet*, Les Films Pelléas, 2010.

CARLE, Gilles, *Manger*, ONF, 1961.

CHANG, Yung, *De la terre à la bouche*, ONF, 2003.

CHOQUETTE, Hélène et Jean-Philippe DUVAL, *Les réfugiés de la planète bleue*, ONF, 2006.

DANSEREAU, Fernand, *Quelques raisons d'espérer*, ONF, 2002.

DAUPHINAIS, Sylvie, *Quelque chose dans l'air...*, ONF, 2001.

RESSOURCES   223

DESJARDINS, Richard et Robert MONDERIE, *L'erreur boréale*, ONF, 1999.

DE GHUELDERE, Alexis, *Code vert*, ONF, 2008.

DESMARAIS, Mario, *La guerre alimentaire*, Arts et images production, 2002.

Équiterre *et al.*, *L'utopie caféinée*, vidéo pédagogique, 2002.

GARCIA, Carmen et German GUTIÉRREZ, *L'affaire Coca-Cola*, ONF, 2009.

GARCIA, Carmen, *L'effet bœuf*, ONF, 1999.

GERTTEN, Fredrik, *Bananas!*, WG Films, 2009.

GEYRHALTER, Nikolaus, *Notre pain quotidien*, KMBO, 2007.

GUGGENHEIM, Davis, *Une vérité qui dérange*, Paramount Classics, 2006.

INKSTER, Dana, *24 jours à Brooks*, ONF, 2007.

JAUD, Jean-Paul, *Nos enfants nous accuseront*, J+B Séquences, 2010.

KENNER, Robert, *Food Inc.*, Participant Media, 2008.

LAMONT, Eve, *Pas de pays sans paysans*, ONF, 2005.

LATULIPPE, Hugo, *Bacon : le film*, ONF, 2001.

LATULIPPE, Hugo, *Manifestes en série*, Jacques K. Primeau, 2008.

LAVOIE, Richard D., *René Dumont : l'homme-siècle*, ONF, 2001.

LEMIRE, Jean, *Mission Antarctique*, ONF, 2009.

MERCIER, Jean-François, *Les quatre cavaliers de l'Apocalypse*, ONF, 1991.

MONDERIE, Robert, *La loi de l'eau*, ACPAV, 2001.

PARENT, Karl et Louise VANDELAC, *Clonage ou l'art de se faire doubler*, ONF, 2001.

PARENT, Karl et Louise VANDELAC, *Main basse sur les gènes ou les aliments mutants*, ONF, 1999.

POLIQUIN, Carole, *Homo Toxicus*, Les Productions ISCA, 2008.

ROBIN, Marie-Monique, *Notre poison quotidien*, une coproduction Arte France et INA, 2011.

ROBIN, Marie-Monique, *Le Monde selon Monsanto*, ONF, 2008.

SERREAU, Coline, *Solutions locales pour un désastre global*, Cinémao, 2010.

SURUGUE, Bernard, *Le sel de la terre*, IRD, 2008.

TARDIEU, Vincent, *La Reine malade*, Esperamos Films et Embryo Production, 2010.

VAN BRABANT, Sylvie, *Visionnaires planétaires*, ONF, 2009.

WHITING, Glynis, *Le poids du monde*, ONF, 2003.

PETIT LEXIQUE

Accaparement des terres: Achat ou location de grandes superficies de terres par des investisseurs étrangers (des multinationales comme des pays) en vue de pratiquer une agriculture d'exportation ou de produire des agrocarburants. Ce phénomène, qui prend de l'ampleur en Afrique et en Asie, met en péril la souveraineté alimentaire des pays concernés. Le terme « accaparement des terres » peut également être utilisé pour parler de l'appropriation d'un territoire à des fins d'extraction minière.

ADN (acide désoxyribonucléique): Molécule contenant les codes génétiques nécessaires au développement et au fonctionnement de l'organisme. Constituante essentielle des cellules vivantes.

Agence canadienne d'inspection des aliments (ACIA): Organisme qui regroupe les services d'inspection du gouvernement canadien liés à la salubrité des aliments et à la santé animale et végétale.

Agrocarburant: Carburant généré à partir de produits agricoles résultant principalement de deux filières : celle de l'huile (colza, palme ou tournesol) et celle de l'alcool (fermentation de sucre de betterave, de blé, de maïs ou de canne à sucre). Le biodiesel et l'éthanol sont des exemples d'agrocarburants.

Agrochimie: Ensemble des activités de l'industrie chimique fournissant des produits pour l'agriculture comme des pesticides et des engrais chimiques.

Assolement: Division des terres d'une exploitation agricole en différentes parties (appelées «soles» ou «pies») permettant de pratiquer une rotation des cultures. Cette alternance permet de préserver un bon équilibre du sol et un contrôle efficace des mauvaises herbes.

Bioaccumulation: Rétention sans cesse croissante d'une substance dans les tissus à cause de la présence de produits chimiques dans l'alimentation.

Bioamplification: Concentration d'un produit chimique dans l'organisme d'un animal situé au sommet de la chaîne alimentaire en raison de l'ingestion de proies contenant ce produit chimique.

Biodiversité: Ensemble des espèces vivantes qui peuplent la Terre. La biodiversité se mesure par le nombre total d'espèces vivantes que renferme l'ensemble des écosystèmes terrestres et aquatiques présents sur la planète: plantes, animaux, champignons, micro-organismes, etc.

Biogaz: Gaz résultant de la fermentation en l'absence d'air des déchets mis en décharge. Ce gaz est essentiellement composé de méthane (principale composante du gaz naturel) et de gaz carbonique.

Biométhanisation: Processus de dégradation biologique (compostage) qui s'effectue par fermentation et sans oxygène. En plus de l'engrais, il en résulte du biogaz qui peut être utilisé comme source d'énergie pour le chauffage, le transport et la production d'électricité.

Biopiraterie: Appropriation de savoirs, de connaissances, de patrimoines génétiques, agricoles ou biomédicaux, par le biais de brevets qui permettent à des firmes privées, des individus ou des institutions de détenir un monopole sur un «bien» collectif.

Biotechnologie: Utilisation ou manipulation des systèmes vivants. Par exemple, les manipulations génétiques de plantes ou l'utilisation de bactéries pour produire certaines substances données.

Cancer: Prolifération anormale de cellules dans un tissu normal de l'organisme, causant une maladie susceptible de conduire à la mort.

Certification: Système mis en place par un organisme de contrôle formalisé par des procédures et permettant de mener de façon fiable l'ensemble des opérations.

CFC (chlorofluorocarbones): Dérivés d'hydrocarbures contenant du chlore et du fluor.

Chaîne alimentaire: Succession d'organismes vivants qui se nourrissent les uns des autres selon un ordre déterminé.

Chronique: Qui dure longtemps. On peut l'utiliser pour désigner une maladie ou une exposition à faible dose à une substance donnée qui ne cause pas de réaction néfaste dans l'immédiat mais qui peut être nuisible pour la santé au fil du temps.

Commerce équitable: Partenariat commercial visant plus d'équité dans le commerce international. Le commerce équitable permet aux producteurs et aux artisans marginalisés d'obtenir de meilleurs prix pour leurs produits.

Compost: Produit de la dégradation de la matière organique par l'action de micro-organismes. C'est un humus stable propre à l'enrichissement des sols.

Contaminant: Toute substance indésirable se trouvant dans la nourriture, dans l'eau ou dans l'air.

Cultivar: Terme scientifique pour désigner la variété d'une espèce végétale obtenue de façon artificielle – par sélection génétique ou par hybridation – pour certaines de ses caractéristiques spécifiques (comme ses qualités esthétiques ou sa vitesse de croissance). Certains auteurs estiment cependant qu'un cultivar peut aussi être le résultat d'une mutation spontanée.

DDT (dichloro-diphényl-trichloréthane): Insecticide organochloré extrêmement toxique. Il est interdit de vente et d'utilisation dans les pays occidentaux depuis les années 1970, mais continue d'être distribué dans plusieurs pays en voie de développement.

Développement durable: Développement qui répond aux besoins du présent sans compromettre la capacité des générations futures de répondre aux leurs.

Dioxine: Composé chimique organochloré, toxique, mutagène et cancérigène à des concentrations infimes.

Écoconditionnalité: Aide conditionnelle au respect de critères écologiques. Elle lie le soutien financier versé aux entreprises à la poursuite d'objectifs de protection de l'environnement.

Écologie: Étude des milieux où vivent les êtres vivants, et des relations entre les êtres vivants et leur milieu.

Écosystème: Unité écologique de base englobant tous les éléments d'un milieu donné ainsi que les relations des organismes animaux et végétaux entre eux et avec les autres éléments du milieu considéré.

Engrais: Matières fertilisantes dont la fonction principale est d'apporter aux plantes des éléments nourrissants.

Engrais vert: Engrais élaboré à partir de plantes. Il apporte de l'azote organique ainsi que de l'humus au sol.

Environnement: La protection de l'environnement est du domaine de l'écologie, mais aussi du domaine de la vie sociale, et de ses expressions politiques et réglementaires.

Érosion: Action d'usure et de transformation que les eaux et les agents atmosphériques font subir à l'écorce terrestre.

Eutrophisation: Enrichissement excessif d'un milieu aquatique en éléments nutritifs ou en matières organiques, provoquant un développement surabondant de végétaux dont la décomposition ultérieure consomme, en partie ou en totalité, l'oxygène dissous dans l'eau et réduit la biodiversité du milieu aquatique.

FAO: Organisation des Nations Unies pour l'alimentation et l'agriculture.

Fertilisants: Voir **engrais**.

Fongicide: Pesticide destiné à détruire les champignons parasites, ou à prévenir leur développement.

Furannes (polychlorodibenzo-furannes): Voir **dioxine**.

Gène: Unité responsable de l'hérédité. Chaque gène est une portion de l'ADN qui transporte le code de fabrication de chaque protéine.

Insécurité alimentaire: Situation caractérisée par le fait que la population n'a pas accès à une quantité suffisante d'aliments pour connaître une croissance et un développement normaux, être en bonne santé et mener une vie active. L'insécurité alimentaire peut être due à l'insuffisance de nourriture ou du pouvoir d'achat, à des problèmes de distribution ou à l'inadéquation de la consommation alimentaire à l'échelle des familles. L'insécurité alimentaire, les mauvaises conditions d'hygiène et d'assainissement et l'inadaptation des pratiques de soins et d'alimentation sont les principales causes de problèmes nutritionnels. L'insécurité alimentaire peut être temporaire, saisonnière ou chronique.

Lymphome non hodgkinien: Terme désignant un groupe de cancers prenant naissance dans le système lymphatique. Le système lymphatique aide l'organisme à se défendre contre les maladies. Il comprend un réseau de canaux et des glandes.

Malnutrition: État physiologique anormal causé par des carences, des excès et des déséquilibres de l'alimentation (énergie, protéines et/ou autres nutriments).

Métal lourd: Métal dont la masse atomique est élevée, par exemple le plomb ou le mercure. Ces métaux peuvent avoir des effets toxiques chez les organismes vivants.

Méthane (CH⁴): Gaz à effet de serre qui se dégage des matières en putréfaction.

Mutagène: Caractéristique d'une substance pouvant causer un changement ou une mutation dans le matériel génétique.

Nitrate: Forme la plus oxygénée de l'azote. Engrais qui, en trop forte concentration, constitue une source de pollution aquatique en milieu agricole. Sous l'effet de la chaleur, les nitrates se transforment en nitrites, substance qui s'avère alors cancérigène.

Nutriment: Substance alimentaire qui peut être assimilée directement et totalement par un être vivant (par exemple, les sels minéraux pour les plantes).

Oligopole: Structure d'un marché dans lequel l'offre est réalisée par un petit nombre d'entreprises pour un grand nombre de demandeurs.

Organisme génétiquement modifié (OGM): Modification du patrimoine génétique de gènes provenant d'autres organismes. Cette technique de laboratoire a d'abord été utilisée en microbiologie, puis sur les végétaux cultivés ce qui a soulevé une vive opposition.

Pesticide de synthèse: Substances chimiques utilisées contre des parasites animaux ou végétaux jugés nuisibles à certaines activités humaines, notamment dans le domaine de l'agriculture industrielle. Ce terme générique (dont la terminaison latine en *-cide* veut dire « tuer ») rassemble les insecticides, les fongicides, les herbicides, les parasiticides, etc. Certaines de ces substances sont jugées toxiques pour la santé des humains, des animaux et des plantes, ainsi que pour l'environnement.

Pluie acide: Pluie qui amène vers le sol des polluants atmosphériques acides nuisibles, notamment aux végétaux.

Polluant organique persistant (POP): Substances chimiques persistantes qui s'accumulent dans les tissus adipeux, se propagent dans la chaîne alimentaire et sont nocives pour la santé et l'environnement. Les principaux POP sont l'aldrine, le chlordane, le DDT, la dieldrine, l'endrine, l'heptachlore, l'hexachlorobenzène (HCB), le mirex, le toxaphène et les biphényles polychlorés (BPC).

Pollution: Introduction, directe ou indirecte, par l'activité humaine, de substances, de préparations, de chaleur ou de bruit dans l'environnement, susceptibles de représenter un danger pour la santé humaine ou de causer des détériorations aux ressources biologiques, aux écosystèmes ou aux biens matériels.

Pollution diffuse: Pollution des milieux aquatiques causée par de multiples rejets polluants transmis à travers le sol, notamment sous l'effet des eaux de pluie. Les engrais et les pesticides utilisés en agriculture font partie des causes de ce type de pollution.

Pollution génétique: Introduction de gènes étrangers ou modifiés dans le génome d'une espèce ou d'une variété sauvage provoquée par l'agriculture transgénique (OGM).

Système endocrinien: Système hormonal constitué de l'ensemble des glandes et de certains tissus sécrétant des hormones.

Système immunitaire: Système constitué de cellules isolées défendant l'organisme contre les infections.

Toxicité: Capacité d'une substance chimique à causer des effets néfastes sur un organisme.

Transgénèse: Opération qui consiste à transférer un gène spécifique de l'ADN d'un être vivant à un autre d'une espèce différente. Par exemple, des scientifiques peuvent prendre le gène d'une bactérie naturellement résistante à un insecte et l'introduire dans une plante.

Sources: Agence canadienne de développement international (ACDI), Agence canadienne d'inspection des aliments (ACIA), Agora, Club @ toutboues, Organisation des Nations Unies pour l'alimentation et l'agriculture (FAO), Université Laval (lexique environnement), Université de Guelph (Réseau canadien des centres de toxicologie), *Encyclopédie Universalis, Encyclopédie canadienne*, dictionnaire-environnement.com, Intelligence verte, Alternatives économiques, Le Groupe d'accès à la Montmorency, Technoscience.net.

LES ÉDITIONS
écosociété
MONTRÉAL

Faites circuler nos livres.

Discutez-en avec d'autres personnes.

Si vous avez des commentaires, faites-les-nous parvenir; il nous fera plaisir de les communiquer aux auteurs et à notre comité éditorial.

Les Éditions Écosociété
C.P. 32052, comptoir Saint-André
Montréal (Québec) H2L 4Y5

Courriel: info@ecosociete.org
Toile: www.ecosociete.org

NOS DIFFUSEURS

EN AMÉRIQUE   **Diffusion Dimédia inc.**
539, boulevard Lebeau
Saint-Laurent (Québec) H4N 1S2
Téléphone: (514) 336-3941
Télécopieur: (514) 331-3916
Courriel: general@dimedia.qc.ca

EN FRANCE et   **DG Diffusion**
EN BELGIQUE   ZI de Bogues
31750 Escalquens
Téléphone: 05 61 00 09 99
Télécopieur: 05 61 00 23 12
Courriel: dg@dgdiffusion.com

EN SUISSE   **Servidis S.A**
Chemin des Chalets
1279 Chavannes-de-Bogis
Téléphone et télécopieur: 022 960 95 25
Courriel: commandes@servidis.ch

RECYCLÉ
Papier fait à partir
de matériaux recyclés
FSC
www.fsc.org   FSC® C100212

Achevé d'imprimer
en mars deux mille onze, sur les presses
de l'imprimerie Gauvin, Gatineau, Québec